本当にヤバい

中世ヨーロッパの暗黒時代

歴史ミステリー研究会編

彩図社

はじめに

「中世ヨーロッパ」が持つ暗黒というイメージは正しいのか?

中世ヨーロッパというと、ダークでミステリアスな部分にスポットがあたり「暗黒時代」などといわれることが多い。

映画やゲームなどで舞台となることも多いが、そこで出てくるのは魔女や呪いといったダークなイメージを持つものばかりだ。そういう、フィクションで描かれる「中世の暗黒時代」のイメージは、どの程度現実に即しているのだろうか。

実際のところ、おおむね正しい。

魔女狩りや人狼狩り、拷問も火刑も異教徒殺しも、すべて現実にあったことである。

むしろフィクションでの描写のほうがソフトかもしれない。現実のままの描写を映画などでしてしまうと、あまりに残酷すぎて、いわゆる放送コードにひっかかってしまうためだ。

中世のヨーロッパでは、人の命はそれほど重いものではなかった。人はあっさり死ぬもので、殺したり殺されたりするのも珍しいことではなく、人々は街で公開処刑があると聞けば足を運んだり、「縁起が良い」といわれる受刑者の血を手に入れるために良い位置を確保したりしていた。

魔法陣が火を吹いたり、人体にためこんだエネルギーで山をふっとばすなどということは現実では出来ないのだが、人命の軽さや残酷さなどのダークなイメージの方は残念ながら現実なのである。

中世のヨーロッパは、やはり暗黒部分を膨大に抱えていたといわざるをえない。本書では、それが具体的にどのようなものだったのかを、多くの観点から理解できるようにした。

本書でわかること

1章では、フィクションで題材になることも多い、中世ヨーロッパの残酷な制度や事件などを取り上げた。錬金術や異端審問など、どこかで耳にしたことのある言葉について、実際はどのようなものだったのか、どのように実行されていたかがわかるだろう。

2章では、中世ヨーロッパのややこしい歴史の中から「ヤバい」部分をピックアップした。

歴史に関わる項目なので、やや難しいかもしれない。なにしろ登場する国や人物が多く、同じ名前でも1世だの2世だのと何人もいるし、土地や国の名前がいくつもあって、それもいつのまにか変わっていたりと、変化が激しい。そしてそれらの国々が協力したかと思えば戦争を始めたりと、関係性もあっさり変わってしまう。

しかしその変化の激しさこそが、中世ヨーロッパの面白いところだ。歴史そのものが「ヤバい」といえる。

ポイントとしては、キリスト教を挙げたい。キリスト教についてある程度わかれば、いかに中世の歴史がヤバかったのかがわかりやすくなるからだ。

宗教というとやや面倒なこともあるが、人の心にとってきわめて大切な事柄だ。しかも中世ヨーロッパにおいて、キリスト教は社会や政治の真ん中に陣取り続けるほど強大な力を持っていた。

力が強いがゆえに、キリスト教の主張の多くは現実化してしまう。それが魔女狩りや異端審問などの極端な例であってもだ。

「ヤバい」ということは、ときに「強い」ということである。キリスト教の影響力はすさまじく強い。異教徒や異端をけっして許さず、徹底的に排除してきた中世キリスト教会の姿勢がどのようなものだったかを、本文で確かめていただきたい。

とはいえ、中世のヨーロッパにあったのが陰惨なものばかりというわけではもちろんない。中世の人々の苦難や工夫があってこそ、現代の技術や社会が成り立っている。

3章では、そのような中世ヨーロッパにおける代表的な成果をまとめた。

活版印刷や航海技術、また現代の「国」という概念もその中に入っている。現代の国は最初からあったわけではなく、数多くの犠牲の上に成立したものなのだ。

数々の困難を乗り越え、宗教改革やルネサンスを経て、今の私たちの時代の礎が築かれていく過程を記した。

「暗黒時代」とはいつのことか

「中世ヨーロッパ」をいつからいつまでと定義するかについては、絶対的な定義があるわけではない。本書では、ローマ帝国が分裂した395年から、1648年のウエストファリア条約締結頃までとしている。

文化面や政治面においての区切りを重視したため、このような形式となった。中世の暗黒時代から、暗黒の先に光が見えるまでの過程を追うことができるはずだ。

なお、本書の一部では、現在のドイツにあたる、かつて多くの諸侯が集まった地域をあえて「ドイツ」と表現していることがある。現在の統一国家ドイツとは異なるものだが、理解をしやすくするために便宜上「ドイツ」と表記させていただいていることをご容赦願いたい。

複雑かつダークな香りの漂う中世だが、光と影をあわせ持った、とても面白い時代だ。いまだに真実がわからない部分も多いが、できる限りの資料にあたってその真実を突き止めようとした。

中世ヨーロッパについて理解を深める一助となれば幸いである。

2023年1月

歴史ミステリー研究会

1章　中世ヨーロッパの暗黒世界

悪魔を崇拝する異端「魔女」……14
人々の娯楽だった公開処刑……20
罪を浄化するための火刑……24
すぐに死なせないための工夫……28
拷問器具の進化……32
裁判にかけられた悪魔の化身「人狼」……38
動物も裁判にかけられた……41
吸血鬼をはじめとしたモンスターの誕生……44
魔術と紙一重の錬金術の隆盛……48

行く先々で虐殺や略奪を繰り返した十字軍……52
同じキリスト教徒でも宗派が違えば皆殺し……56
贖宥状を買えば天国に行ける……63
「読んではいけない本」のリストがあった……67
教会に生活を戒められていた民衆……72
土地移動ができなかった農奴……75
仕事を選べなかった都市の商人や職人……78
貴族や指導者たちの不道徳な日々……81
家にトイレや風呂がなかった……85
ペストの大流行で人口が3分の1になる……88
災害と飢饉とパンデミック……92

2章 暗黒時代の権力闘争

ローマ帝国の滅亡から始まった「暗黒時代」……96
ヨーロッパを再編した「蛮族」の来襲……101
強大なフランク王国の分裂と民族大移動……105
キリスト教同士の対立と東西分裂……108
ローマにない「神聖ローマ帝国」の誕生……112
神聖ローマ皇帝とローマ教皇の権力争い……118
聖職者の腐敗が招いた教皇の危機……123
ローマ教皇がフランス国王に幽閉された「アヴィニョン捕囚」……126
3人のローマ教皇による泥仕合……129

素人集団が十字軍を撃退したフス戦争……132
異端のフス派と教皇の対決……136
力をつけた王同士の争い……139
イタリア半島の分裂と停滞……142
東ヨーロッパで起こったビザンツ帝国の戦いと滅亡……146
ドイツの内紛がヨーロッパ最大の宗教戦争に発展する……152

3章 暗黒の夜明け

農耕技術の進歩……158
農作物の増加が都市の発展につながる……163
異民族への警戒が生んだ城塞都市……166

人口増加によるヨーロッパ世界の広がり……170
宗教芸術が花開く……176
ルターたちによる宗教改革の始まり……180
錬金術により進歩した科学……186
活版印刷による知識の広がり……192
天動説から地動説へ……196
羅針盤と航海術の進歩で広がる世界……200
新大陸の発見……204
ルネサンスによる芸術の世俗化……208
主権国家の誕生……214
イギリスで形成された議会制度……218

1章 中世ヨーロッパの暗黒世界

悪魔を崇拝する異端「魔女」

「魔女」とはどんな人だった？

一般的な魔女のイメージといえば、大きな鍋で謎の薬を調合し、それを使って気に入らない者を殺したり、夜な夜な集まって悪魔と乱交したりというおどろおどろしげなものだろう。

物語の世界でも、白雪姫やヘンゼルとグレーテルを「自分よりも美しいから」「おいしそうだから」という理由で殺そうとする悪役として登場する。

これは、魔女とは「悪魔から特別な力を授けられてさまざまな悪事を働く超自然的な存在」とされているからだ。中世のヨーロッパにおいて悪魔を信じるということは、どのような慈悲も無用の邪悪かつ絶対的悪であり、迫害されて当然で、どれほどひどい目にあってもかまわない存在として扱われることになる。

魔女とされた人の中には、一部男性はいるものの8割が女性で、うち半数が未亡人だった。

魔女は女性だという概念を植えつけたのは、1400年代に出版された書籍『魔女に与える鉄槌』だ。これは魔女狩りのバイブルともいえるもので、魔女の術から魔女裁判の方法までが詳細に書かれており、この刊行を機に本格的な魔女狩りの時代が始まる。おぞましい魔女のイメージはこの本によって定義されたといっていい。

「魔女のサバト」(ゴヤ画)

当初は、売春婦や農民、産婆、非白人やキリスト教徒、社会的に弱い立場にいた障害者などが「魔女」のレッテルを貼られたが、しだいにあの人は「魔女らしい」とか、気に入らないからという理由だけで魔女とされていく。なかでも、一人暮らしの女性や貧困層の女性が狙われやすかった。

また、各地を転々として犯罪に走

るジプシーや、産婆や薬剤師のような特殊な知識と技術を持つことで畏怖《いふ》の念を持って見られた特別な女性なども魔女と見なされることもあった。

つまり、さまざまな理由で社会からはみ出して人々に不安を覚えさせ、信仰心を揺るがす者たちは、広い意味ですべて「魔女」としてとらえられるようになったのである。

魔女の判定方法

魔女の疑いのある者は、「魔女裁判」にかけられ、魔女と判断されると処刑された。疑いをかけられた人はまずいろいろな審問を受けることになる。魔女は身体のどこかに悪魔との契約である「印」があると信じられていたので、取り調べの際には公衆の面前で裸にされた。すると、たいていの人間にはホクロや痣《あざ》があるので、それが魔女の印と見なされて魔女と決めつけられたのだ。

また、魔女は水に沈めても浮くと信じられていたので、水に入れられてどうなるかを観察された。もしも浮いてこなければ魔女ではないことになるので免罪されるが、それでは溺死してしまう。

だからといって、息苦しさに耐えかねて水面から顔を出してしまえば、魔女と判定されて殺される。つまり、浮いても沈んだままでも、どちらにしても〝容疑者〟の命は助からないのだ。さらに魔女は空を飛べるとも考えられていたので、それを試すために崖から突き落とされることもあった。

水に沈めて魔女の判定をする様子

また、魔女であることを白状させるために体に釘を刺したり、指を切り落とすなどの行為も行われた。そして、最終尋問として「正しい祈りの言葉」が唱えられるかどうかが試されたが、すでにさまざまな拷問を受けたあとなので、まともに口をきける者はおらず、魔女と見なされることになった。いったん魔女と見なされれば否応なく処刑されたのである。

正確な数はわかっていないが、11万人が裁判にかけられ、犠牲者は4万人とも6万人ともいわれる。

灰になるまで肉体を焼き尽くされる

魔女の処刑方法としては火刑が一般的だった。

火刑では身体が燃やされて死に至ることもあるが、その前に一酸化炭素中毒で死亡する場合も多い。しかし魔女の火刑の場合は、復活することが恐れられたために遺体が完全に灰になるまで燃やされなければならなかった。そのため、絶命しても次々と薪がくべられることが多かったのだ。そしてその灰は海や川に捨てられて、人々の前に処刑の痕跡が残らないように配慮された。

もっとも、火刑では人間はなかなか死ねない場合も多く、足元から炎が這い上がり、肉を焼き始め、それが全身に広がっても意識が残っていることも多かった。

また、風向きや火をつけるのに使う草などが湿っていて炎が思うように広がらない時は、その分、何時間にもわたって身体が少しずつ焼かれていく苦痛に耐えなければならない場合も多かった。

なお、魔女狩りは治安が安定した地域ではあまり盛んではなく、どちらかといえばドイツ、イタリア、スイスなど政情不安な地域や社会不安が広がっている国で行われることが多かった。

時期的には16世紀後半から17世紀にかけてがそのピークだったと考えられている。当時は気候が不安定な時代で、気候変動による災害や飢饉などがしばしば起こると、スケープゴートとして魔女が差し出されて魔女裁判に発展することも多かった。

現代では魔女はファッション化され、ディズニー映画の『マレフィセント』のように、魔女側の視点から見た世界が描かれる機会も出てきているが、実際に魔女狩りが行われていた当時においては、みずからの主張を聞いてもらうことなどとうていかなわないことだった。

いったん疑われたが最後、無実を証明することは実質的に不可能で、裁判で非難を浴びせられ、酸鼻《さんび》を極めた拷問を受けたあげく、一粒の灰も残らないように存在を抹消されるのが、中世ヨーロッパの魔女という存在だったのだ。

人々の娯楽だった公開処刑

犯罪抑止のための見せしめが目的だが…

公開処刑の目的は、いうまでもなく見せしめだ。罪を犯した者に衆人環視の中でむごい罰を与えることによって、犯罪を抑え込み、社会秩序を守る効果が期待された。しかし、日々の生活の中で楽しみも少なかった民衆にとっては、処刑はひとつの見世物であり、貴重な娯楽となった。処刑が行われるとなると人々はわくわくしながら、こぞって出かけたのだ。

そのため、処刑場は役所の前などの人が集まりやすい開けた場所につくられた。処刑の前には裁判官が判決文を読み上げるなどのセレモニーが行われ、見物人にその罪状が伝えられた。

そして、執行人は助手を従えてきらびやかな服装を身にまとって現れた。ある意味、ショーとしての性格が強かったのである。

さまざまに工夫された処刑方法

生き埋めにされる女性と車裂きの刑を受ける男性

処刑の方法にはいろいろあった。

もっとも非道なものは車裂きの刑で、以下、生き埋め、生きたままでの火刑、絞首刑、斬首と続く。

なかでも車裂きの刑は、殺人の累犯や親殺し、教会への強盗などの罪を犯した者への刑であり、もっとも屈辱的だとされた。

裸で地面に固定された罪人（おもに男性）を特製の巨大な車輪で何度も轢いて全身の骨を砕いていき、その後は瀕死の状態で車輪にはりつけにされて死ぬまで晒される。息絶えるまで長時間苦しむことになる恐ろしい処刑法だった。

また生き埋めは、おもに女性の罪人に対して行われた。文字通り生きたまま埋められただけでなく、その上から大きな杭を打ち込まれるというものだった。

絞首刑の場合も、死体は数日間吊るされたままだった。そのことにより、家族に対しても大きな不名誉と苦しみが長い期間にわたって強いられた。

また、巨大なかまどの中に入れて蒸し殺すという方法もあった。

絶命までの時間は長いほうがいい

これらの中でもっとも広く行われたのは斬首である。しかし、斧や剣によって頭部を一撃で切り落とすのは、技術的にかなりむずかしい。斬首人が斬首に失敗して罪人が長時間にわたって苦しむことも珍しくなかった。

そういう場合は見物人が怒り出すこともあり、ときには斬首人のあまりの不手際に激怒した大勢の見物人が、その場で寄ってたかって斬首人を殴り殺すという事態も起こった。斬首人もまた命がけだったのである。

絶命するまでの時間が長いものがもっとも重いとされ、そういう意味では一瞬で首を落とされる斬首は、罪人に対して慈悲深い刑だったといえる。

もちろん見物人の多くは、なるべく時間がかかる刑のほうがそれだけ楽しみも長くなり、盛り上がった。

斬首刑を見物する人々

また、斬首された罪人は神へ供されたものであり、その血液は病気の治癒に効果があるとされて高価で売れたので、見物人は先を争って死体に群がり、その血液を欲しがった。
つまり、処刑の見物は娯楽というだけでなく、庶民の金稼ぎにもなったのである。

罪を浄化するための火刑

聖なる炎によって罪をつぐなう火刑

公開処刑において、もっとも民衆の注目を浴び、同時にもっとも緊張感をもって行われたのが火刑だった。

火刑の対象になったのは、おもに魔女や、キリスト教徒の中で「異端者」と呼ばれる人々で、そのほかに姦通や近親相姦などの性犯罪者などだった。当時は同性愛も性犯罪と見なされていた。

火は本来、聖なるものであり、不浄なものを浄化する呪術的な力があると考えられていた。そのために火刑は、まさに「神の罰」であり、火によって殺されることで罪や穢《けが》れそのものを清められるとされていた。

キリスト教の信仰が絶対だった時代だっただけに火刑は大いに盛り上がり、民衆の興奮も最高潮に達したといわれる。

しかし炎は、西洋では悪とされる龍の形にも見えることから、火刑によって処刑される人を悪魔の化身が救いにくるという妄想も生んだ。そのため、悪魔の化身に邪魔をされないように、火刑による公開処刑は、常に厳重な警戒のもとで行われたのである。

同じ火刑でも、生きたままの火刑と、絞首刑など別の方法で処刑したあとの遺体を火刑に処する場合とがあった。

魔女の火刑の様子

生きたまま磔《はりつけ》にして焼き殺す場合は、罪人の苦悶の様子だけでなく、炎がもたらす視覚効果もあって大いに盛り上がったとされる。

また、はしごに生きた罪人を縛りつけて、それを燃え盛る火の中に倒すといった方法もあった。

この場合は罪人の鼻や口をふさぐため、絶命するまでの時間が短くなるので、火刑はむしろ慈悲深い刑になったのである。

一度に大勢を火刑に処する

一度に数百人の異端者が火刑に処せられることもあった。その場合は、広場に並んだ異端者たちに司祭が次々と罪を問いかけていく。火刑の流れ作業であり、見物人にしてみれば圧巻の光景だったはずである。スペインでは、15世紀に異端者に対して一度に数百人単位での火刑が行われることもあった。

異端者は、磔にされて火刑にされる直前に司祭から罪を悔い改める機会を与えられる。その時に罪を認めれば、火がつけられる前に絞殺されることで火刑による長時間の苦しみから逃れられるという「恩恵」を受けられる。

もちろん、命を落とすことには変わりないが、そのほうがキリスト教側の民衆へのアピールにもなったのだ。

フランスでは、1244年に異端者たちが籠城していたピレネー山中の砦が陥落し、約200人もの異端者がそのまま火刑に処せられた。その後、1350年までに1000人の人々が異端審問にかけられて、そのうち600人が火刑によって命を落としている。

また、ドイツで行われた公開の火刑で処刑された異端者や魔女の数は、あまりにも多すぎて正確な数字は残されていないが、一説ではおよそ十万人もの人々が命を落としたともいわれ、16世紀末に書かれたある州の記録には、広場に立てられた火刑のための柱が、まるで森のように見えたという言葉が残されている。

ドイツでは大きな都市はもちろんのこと、人口が数百人から数千人しかいない小さな集落においても、密告により魔女の告発が盛んに行われていた。密告されて魔女とみなされた者はもちろんのこと、その者の罪を否定したり、かばったりした者も同罪と見なされて火刑に処せられることが多かった。そのため、場合によっては住民の1割から2割の人が火刑に処せられるという事態も珍しくなかったといわれる。

異端者の火刑の様子。奥には絞首台もある

すぐに死なせないための工夫

フライパンでじわじわと焼く処刑法

公開処刑は、人々にとっての娯楽だった。そのため、できるだけ長く楽しめるように執行時間を長引かせる必要がある。つまり、罪人が刑によってすぐに死なないための工夫が必要だったのである。

火刑の場合も、一気に焼き殺すのではなく、なるべくあぶるようにして少しずつ罪人にダメージを与えていった。

なかでも16世紀のイングランド王ヘンリー8世は、とくに残酷な処刑方法を考え出すことで知られていた。生きたままで釜茹《かまゆ》でにしたり、巨大なフライパンの上で罪人を焼くといった方法も存在した。

フライパンで熱せられる罪人は、まるで牛肉や豚肉を焼くように、ときにはひっくり返されたりしながら全身が焼かれたが、すぐには死ぬことができず、身体の表面をじわじわと焼かれたあとで、ようやく内臓が熱の影響を受け始めて死に至った。

また、「魔女のかまど」という、魔女を処刑するためだけにつくられたかまどがあった。これは文字通り、魔女だという判決が下された女性をかまどの中に入れて焼き殺すものだが、生きたままなのでその苦痛は耐えがたいものだった。

火刑の様子

あまりの残酷さに言葉を失う観衆

火刑の様子はさまざまな記録として残っている。手足や胴体の皮膚や肉が骨から剥がれて焼け落ちていき、やがて顔も崩れて、目鼻がどろどろに溶け落ちていくが、それでもまだ死ぬわけではない。

最後に膨《ふく》れ上がってただれ落ちるのは頭の肉で、頭蓋骨が露出するに至ってようやく絶命することが多かったといわれる。最後は骨にわずかな肉がこびりついただけの状態になって火刑はようやく終わる。その一部始終を見物人たちはじっと見ていたのである。

火刑が始まる頃は熱狂していた見物人も、そのあまりにも悲惨な最期を見るうちに言葉を失ったといわれる。

王も止められなかった火刑

残酷な火刑を行ったことで知られるヘンリー8世の息子であるエドワード6世は、火刑の悲惨さを嫌って、なるべく絞首刑を選べるような法律改正を行ったが、火刑が完全になくなることはなかった。

その後、エドワード6世の異母姉であるメアリー1世がイングランド女王となるが、彼女は敬虔《けいけん》なカトリック信者としてプロテスタントを猛烈に迫害し、約300人を火刑に処したといわれる。

流した血があまりに多かったため、「ブラッディメアリー（血まみれのメアリー）」という異名をつけられたほどだった。

それでも、残虐な処刑方法を考え出すことで知られるヘンリー8世と比べて、娘のメアリー1世は多少なりとも慈悲深い一面があったともいわれる。

たとえば火刑の際には、処刑される者が火に焼かれて長時間苦しむことがないように、体に火薬を結びつけることを許したというのだ。

しかし、火薬が常にうまく爆発するとは限らない。1555年、ある聖職者が火刑に処せられた時、メアリー1世の慈悲により、脚の間やわきの下に火薬の入った袋が結びつけられた。ところが折からの風のために火の向きが定まらず、火薬にうまく着火せずに、主教はかえって長時間苦しんだという記録が残されている。

火刑の執行は、必ずしも思いどおりにいかなかったのだ。

英国国教会のトップを務めたトーマス・クランマーも宗教改革を推進したために火刑に処された

拷問器具の進化

事前に説明して恐怖心を煽る

処刑だけでなく、拷問のための器具もさまざまなものが開発された。それは単に罪を白状させることを目的として効率的につくられていたわけではない。もちろん、最終的な目的は罪を告白させることにあったが、権力者や観衆の残虐性や加虐嗜好を満たすためにも恐ろしい手法が考え出され、実際に使用された。

拷問は決められた拷問部屋で行われる場合が多く、その部屋は外に声が漏れないようにつくられていることが多かった。そこでどのようなことが行われているかを外部に知られないようにするためだ。

しかしその一方では、拷問を始める前に被告に拷問器具や装置が見せられ、どのようにして使うのかが詳しく説明された。それには絶大な心理的効果があり、恐怖のあまり、その時点で告白する被告も少なくなかったといわれる。

拷問中に絶命する者も珍しくなかった

基本的な拷問の第一段階は「指詰め」から始まることが多かった。二枚の金属板の間に両手の親指をはさみ、ネジを使って金属板で指を絞めつけていく。金属板には突起物があるので苦痛は激しく、場合によっては指が潰れることもあった。

次は「紐締め」である。被告の体の何か所かに紐を巻きつけ、それを複数の人間で引っ張って血流を止める。どんな人間でも長時間は耐えられない拷問である。

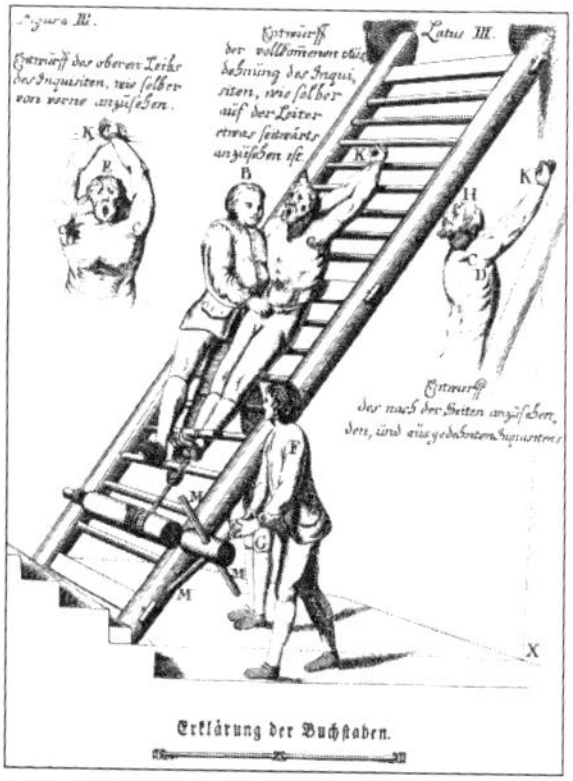

はしごを使った拷問

そして「はしご責め」は、はしごに縛りつけられた被告の体を回転ロールで引き伸ばしていくもので、さらに火のついたロウソクを体に押しつけることもある。体が30センチも伸びてしまうこともあったという。

さらに「ブーツ責め」という拷問では、内

側に突起のついた金属板で足をはさみつけ、それをネジで締め上げていく。この苦痛は想像を絶するもので、この拷問だけで両足を潰されて命を落とすものもいたという。

そして「天井吊るし」では、縛られた格好で天井の滑車から吊るされ、体におもりをつけられていく。さらには、引っ張り上げてから急に落とすということも行われて、全身の骨格が完全に破壊されることもあった。

これらはまだ基本的なものであり、時代とともにさらに恐ろしい方法が考え出されていく。

さまざまなアイデアによる拷問器具

さまざまな拷問器具が作り出されたなかで、もっとも有名なのは、「鉄の処女」だ。これは、聖母マリアをかたどった高さ2メートルほどもある鉄の人形のように見えるが、中は空洞になっており、内側には中心に向かって釘がびっしりと打ち込まれている。その中に人間を入れると、打ち込まれた釘が全身を貫くのである。

拷問にも処刑にも使用されたもので、中に閉じ込められた人間が息絶えれば、そのまま死体は下にずり落ちるような構造になっていた。現在でも、ヨーロッパ各地に現物が残されている。

また「ユダのゆりかご」は、足を縛って固定し、その状態で鋭いピラミッド型の台座に無理矢理座らせる器具である。股や尻から体が裂けることもあった。同じようなものに「スペインのロバ」や「バンベルクのボック」と呼ばれるものもあった。

「ネズミ拷問」は、仰向けに寝かされた被告の腹部にネズミの入った籠を置き、その籠の上部を火で熱する仕掛けになっている。すると、その熱さから逃れるためにネズミは被告の腹を食い破って潜り込もうとする。長い時間をかけて被告は死に至ることになる。

鉄の処女（©Lestat /CC BY-SA 3.0）

そのほか、強酸性の熱い風呂に長時間浸けたり、強烈な塩味の聞いた食べ物やおかゆなどを水無しで無理矢理食べさせ続けるといった拷問もあった。

このように残酷な器具や手段が次々と考え出されてきたが、それらの多くは拷問だけでなく処刑にも使用されている。

「人道的」とされたギロチン

しかし、残酷な方法により長時間苦しみながら死に至らせることは人道的に問題があるという考え方もあった。そんな風潮のなかで1792年に発明されたのが、ギロチンである。

医学博士によって考案された処刑器具で、被告の首を一気に切断するために苦痛なく死なせることができることから「人道的な処刑方法」だと考えられた。

ギロチンによる処刑も衆人環視の中で行われたが、最初の頃はこの処刑があまりにもあっけなく終わるために不満を漏らす観衆もいたといわれる。

しかしギロチンは処刑の効率化に大きく貢献したと同時に、一瞬にして頭部が切り落とされる視覚的効果もあって、中世の庶民たちに受け入れられ、新たな刺激と興奮をもたらした。しかもミニチュアのオモチャまでつくられて、子供たちがそれを使って本物の鳥やネズミの首を切り落とす遊びが流行したほどである。

ギロチンが登場した当初は、偽造犯などの犯罪者の処刑に使用されたが、やがてフランス革命が起こると、王族や政治犯などもギロチンにかけられるようになった。その代表的な人物がルイ16世である。

フランス革命によって捕らえられたルイ16世は、本来はいかなる罪に問われることもない国王であるにもかかわらず裁判にかけられた。その処遇をめぐってはかなりもめたが、しかし、王政そのものを否定するという革命の精神に基づいて結局はギロチン台に横たわることになったのだ。その妃で、贅沢な暮らしを享受した悪女というイメージで知られるマリー・アントワネットも、ルイ16世が処刑された翌年に37歳の若さで同じようにギロチンで処刑されている。

ギロチン

裁判にかけられた悪魔の化身「人狼」

原野に追放された「狼」

中世のヨーロッパで、魔女と並んで恐れられたものに人狼がある。

キリスト教圏では、その権威に逆らう者や死者を冒涜する者、魔術を使うといった重大な罪を犯した人間を「狼」として迫害することがあった。

彼らは狼のような耳をつけられ、毛皮をかぶせられて原野に追放された。これが人里で略奪などを繰り返して恐れられ、やがて恐ろしい人狼伝説になって人々の間で広まったといわれる。

とくに15世紀初めには、神聖ローマ帝国で「人狼は実在する」という布告が出され、狼男にまつわる報告が一気に増えたといわれる。神聖ローマ帝国内にあったハンガリーでは、魔女狩りとともに狼男狩りも行われた。

また、フランスでは人狼裁判が数多く行われている。

人狼として捕らえられた者の中には、殺人を犯した者や人肉を食べたという者もおり、裁判にかけられた者のほとんどは魔女裁判と同じように処刑されている。

女性の人狼も存在した

1589年、現在のドイツのケルン州にある村で、ある男が処刑された。

「人を襲う狼男」（クラーナハ画）

50歳代の農民だったその男は、悪魔との契約で狼男になる能力を手に入れた。そして子供を含む16人もの人を殺し、その肉を食べた。そのうち1人は自分の息子で、その脳を食べた。さらに、自分の娘やサキュバス（美しい女の姿をした悪魔）と性的関係を持ったと記録されている。

処刑は残忍な方法で行われた。彼は車輪に縛りつけられて、生きたまま皮を剥がれ、骨を折られ、首を切られた。そして死体は火あぶりにされた。首は見せしめとして、杭に突き刺した状態で街の中心に掲げられたという。当時いかに人狼が人々に恐れられ、忌み嫌われていたかがわかる。

ただ、狼に変身するのは必ずしも男とは限らない。たとえば1588年のフランス中央部のある街で、一匹の狼が猟場の管理人を襲うという事件が起こった。

この管理人は襲ってきた狼の前足を切って撃退して助かった。しかし、その狼の前足は人間の手に変化し、その指には指輪がはめられていた。そして、その指輪から狼の正体が、ある貴族婦人であることが発覚した。その貴族婦人は捕らえられ、火刑に処せられる。

これは女性が狼に変身したとされる珍しい事件であり、本当に狼人間への変身事件だったのか、それとも何かの陰謀かでっちあげだったのかは今となってはわからない。しかし、このように何らかの犯罪が狼男伝説と結びつき、人々を恐怖におとしいれ、残酷な処刑が繰り返されていたことは事実である。

動物も裁判にかけられた

法廷で裁かれたブタがいた

1572年、フランスのある地方でブタが幼い少女を食べようとして捕まった。当時のブタはまだ品種改良される前の野生動物であり、人間にとっては危険な存在だった。

ブタはただちに捕まえられて、なんと裁判にかけられた。ブタは出廷させられ、正式な弁護士もつけられたが、判決は死刑となり、絞首刑に処せられた。

中世ヨーロッパではこのような動物裁判が堂々と行われていた。記録によると、15世紀から17世紀の間に約120件の動物裁判が行われている。

理由としては「人間を殺した」とか「畑や果樹園を荒らした」といったもので、裁判にかけられた動物は、牛、ブタ、馬、山羊、ロバなどだった。なかには狭い小屋に無理やり閉じ込められるなどの過酷な飼育環境に置かれたために暴れた家畜が、誤って人間を蹴り殺したという事故もあった。

裁判では、その家畜に「悪魔が乗り移った」と判断され、その結果処刑されるといった、今では考えられないようなことも行われた。

キリスト教の世界観では、人間だけでなく動物や植物、無機物であっても罪を犯したとされれば正式な裁判にかけられたのだ。

さらには性犯罪に厳しい時代だったために、獣姦の相手をさせられた動物、たとえば牝牛や山羊、犬といった動物たちが処刑されることもあった。獣姦が絡む裁判の場合は、動物の処刑としてもっとも重い火刑に処せられることが多かった。

また、人間の生活に害を及ぼす、畑などの農地を荒らすといった理由から、ハエ、ハチ、ミミズ、ヒル、ナメクジなどの裁判も行われた。

とはいえ、昆虫などの場合は、法廷に出廷させるのがむずかしいので裁判が成立しにくい。そこで、これらを人間に害を及ぼす悪魔の化身としてとらえ、悪魔祓いの儀式や祈祷やミサ、あるいは人間が善行を積むといった行為を通して、その罪から逃れるという方法がとられることが多かった。

キリスト教の世界観が動物裁判を生んだ

このように人間以外の動物や昆虫を裁判にかけることの根底にあったのは、人間と自然との関係が中世において大きく変化したという事実である。

従来、人間にとって自然とは脅威であり、ときには災いをもたらすものであった。しかし、10世紀を過ぎたあたりから動物や昆虫は人間のために従うものという考え方が広がり、キリスト教は「ほかの動物や自然を支配せよ」という教えを広めた。

動物を裁判にかけて、場合によっては処刑するという行為は、人間による自然支配の形態のひとつだったのである。

動物裁判の様子を描いた挿絵

吸血鬼をはじめとしたモンスターの誕生

吸血鬼のイメージが完成した中世

夜中に死体がよみがえり、人の生き血を吸うという吸血鬼伝説は、4世紀頃にスラヴやハンガリー付近で生まれて全ヨーロッパに広がったとされる。

青白い顔をした吸血鬼は、人の喉もとに噛みついて血を吸い、吸われた者は死んだあとで吸血鬼としてよみがえる。影がなく鏡にも映らないが，十字架やニンニクを怖がる。倒すには昼間のうちにその心臓部に杭を打つしかない――。これが一般的な吸血鬼の定義である。吸血鬼が人間の血を吸うことで新たな吸血鬼が生まれるという伝説は、異質な文化が流入してきて取り込まれていく過程や、疫病が広がっていく状況と重なって生まれたものではないかとも考えられており、まさに人々の生活の中から誕生した存在だといえる。

8万人を串刺しにしたドラキュラのモデル

ところが15世紀になって、この吸血鬼伝説が実在の人物と結びついた。ワラキア公国の君主ヴラド３世がその人である。彼はワラキアの中央集権化を進めながらオスマン帝国と対立した王だが、じつは「ドラキュラ公」または「串刺し公」とも呼ばれていたのである。

後世、ドラキュラのイメージを確立したといわれるブラム・ストーカーの小説『ドラキュラ』に登場する吸血鬼ドラキュラ伯爵は、彼がモデルだといわれている。

串刺しにした人々のそばで食事をするヴラド３世

なぜ、彼は串刺し公と呼ばれた

のだろうか。

彼は対立するオスマン帝国の兵士はもちろん、自国の貴族や民も数多くを処刑したといわれるが、その多くは串刺しにされている。

本来、串刺し刑は重罪を犯した農民に限って行われる処刑法だったが、ヴラド3世は相手が誰であろうが自分に反抗する者は一人残らず串刺しにして、城内のどこからも見える場所に晒した。

王として何よりも国益を優先して考えた彼は、貧民や病人、浮浪者のような国にとって何の利益も生み出さない者をつかまえて虐殺した。しかも、そういった社会的弱者だけでなく、たとえ貴族であっても自分にとって邪魔なだけの存在だと判断すれば、酒宴に招いて虐殺した。彼によって串刺しにされた犠牲者の数は約8万人にも及ぶといわれている。ドラキュラ像と結びつけられても不思議はないところだろう。

処女の生き血の風呂に入った女王

女性にも吸血鬼にたとえられた人物がいた。16世紀から17世紀にかけてハンガリーを支配した王女エリザベート・バートリだ。彼女は「血の伯爵夫人」という異名を持ち、歴史上もっとも多くの殺人を犯したとされている女性だ。１５８５年から１６０９年の間、バートリは多くの農民の若い娘たちを幽閉、拷問して殺害した。24年間の間に殺された娘は６００人を超えるといわれているが、その殺害の目的は「美容」だった。

若い処女の血液は、肌を美しくして若返りに効果があると信じていた彼女は、近隣から娘をさらってきては生き血を搾り取り、その血液の風呂に入ったといわれる。さらには、彼女たちの手を焼いたり、顔や腕の皮膚を食いちぎったり、凍死させたりもした。

彼女はとにかく血が流れることを好み、淫乱で黒魔術を好んで悪魔崇拝をしたといわれ、その結果、のちに吸血鬼のイメージが付加されるようになったのである。

若い娘たちを虐待するエリザベート・バートリ

魔術と紙一重の錬金術の隆盛

金を作り出すための錬金術

錬金術とは、その名の通り、卑金属（銅、鉄、鉛など）を貴金属、とくに金に変える術のことだ。

歴史上に初めて登場したのは古代ギリシャや古代エジプトで、そのベースにあったのは、古代ギリシャのアリストテレスが説いた、万物は火、空気、水、土の4つの元素でできているという考え方がある。

その4元素（火・空気・水・土）と4性質（乾・湿・寒・温）との間には深い関係があり、これらを理想的な割合で組み合わせれば、金属ではないものから金属を作り出すことができると考えられた。これに基づいて、さまざまな物質を組み合わせて金を作り出そうとしたのが、錬金術である。

そして、いつしか「賢者の石」と呼ばれる触媒を使えば、金属を金に変えられるうえ、賢者の石自体も、あらゆる生物の病を癒し、不老不死も実現できる万能薬であるといわれるようになったのだ。

紀元1世紀頃にエジプトで生まれて連綿と受け継がれてきたものだが、これが中世ヨーロッパで呪術と結びついて大流行したことで、中世ヨーロッパの暗黒面を形づくるのに大きな役割を果たすことになる。

卑金属を貴金属に変える様子

修道院と結びつく

錬金術はとくにキリスト教と強く結びついた。というのも、高価な薬草や貴重な鉱物、それに実験室や実験道具、膨大な参考資料の購入のためには莫大な費用がかかり、結果的に修道院こそが錬金術の研究にふさわしい場所となったからである。

しかし、研究が盛んになる一方で、人間がこうしたものを作り出すことは「万物の創造主である神に背く行為だ」という考え方も広まり、錬金術は、あやしげな存在として展開していく。

錬金術が生み出した人造人間ホムンクルス

そんななかで、もうひとつ不思議な潮流が生まれる。それは、錬金術によって人間を生み出すという試みだ。

それは一種の人造人間であり、「ホムンクルス」と呼ばれた。

当時は、ハエやカエルのような単純な生き物は生命のない物質から自然発生すると考えられていた時代である。錬金術に携わる研究者の中から、人間を創り出すこともできるのではないかと考える者が出てきても不思議ではない。

そのなかでもとくに知られているのが、15世紀の錬金術師パラケルススだ。

彼は「人間の精液と腐った馬糞を一緒にし、40日以上、密閉して腐敗させると、透き通った物質ができる。それに人間の血液を毎日与え続け、馬の胎内と同じ温度を保っていれば、40週以上で人間の幼児のようなものになる」と書き記している。そして、実際にその実験が行われ、ホムンクルスが生まれたといわれる。

ホムンクルスは生まれながらにしてあらゆる知識を備えており、月の動きを操ったり、人間を牛や羊に変身させるほどの魔力を持っていると信じる者もいた。

やがて人々は、ホムンクルスについて、ユダヤ教の伝承が伝えるゴーレム（ユダヤ教の指導者がつくる泥人形）のように、人間に仕える奴隷のようなものになり得るのではないかと考えた。

ホムンクルスをつくる錬金術師

とはいえ、パラケルススが生み出したホムンクルスはガラス器具の中でしか生きられなかったと伝えられ、その後、その実験に成功した者はいなかった。

行く先々で虐殺や略奪を繰り返した十字軍

聖地奪還のために召集される

中世ヨーロッパを語るうえで、大きな存在感を放つのがキリスト教だ。キリスト教は光と影の両方をあわせ持つが、その影の部分が、異教徒との軋轢や迫害である。とくにイスラム教徒への弾圧行為は大規模なものだった。

もっとも有名なのは、聖戦という名のもとで行われた十字軍である。

十字軍をごく簡単に説明すると、キリスト教とイスラム教の聖地を巡る争いだといえるだろう。栄華を極めたローマ帝国が東西に分裂した後、西ローマ帝国は100年もたたずに滅亡したが、東ローマ帝国はビザンツ帝国として存続していた。しかしビザンツ帝国はイスラム勢力と隣接しており、常に存在をおびやかされていた。

そしてビザンツ帝国が実際にイスラム勢力のセルジューク朝に侵攻された際に、求めに応じて、ローマ教皇ウルバヌス2世が諸侯や騎士たちを召集することで始まったのが十字軍運動だ。1096年に召集された第1回十字軍からおよそ200年にわたり、公式には7回の十字軍が結成されている。

第1回十字軍の召集にあたって開かれた会議で、ウルバヌス2世は「武器をとり、異教徒から兄弟を救え！神の正義のために倒れる若者には、罪の赦しがある」と訴えた。それを聞いた人々は口々に「神が欲する！」と叫んだといわれる。

この演説は、もともと高まっていた聖地エルサレムへの巡礼熱や、異教徒への敵対心を燃え上がらせた。そして「キリスト教徒を迫害するイスラム教徒たちから、聖地と同胞を解放する」という大義名分のもとに、ローマ教会に属する諸侯たちが集結したのである。

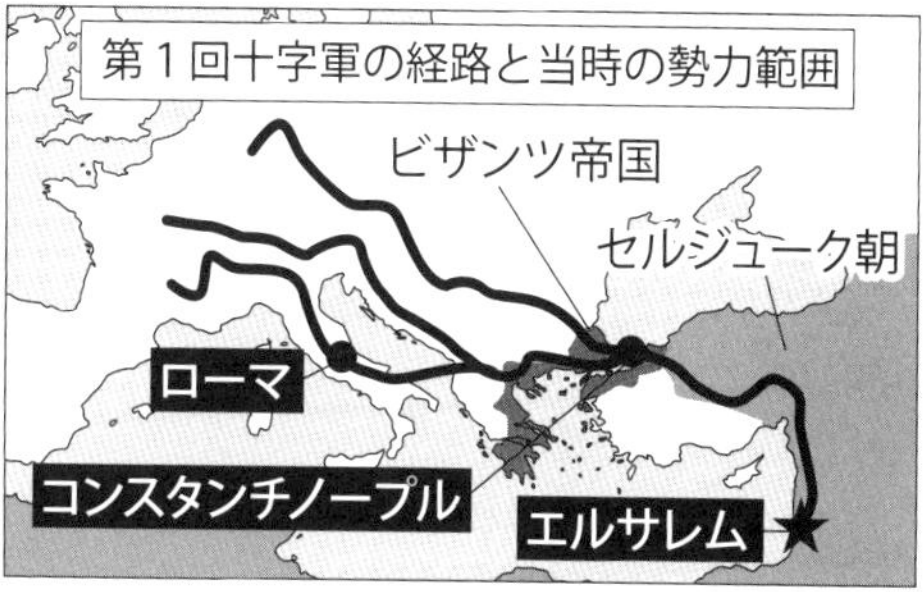

一般市民の腹を裂き遺体を焼く

宗教的な熱狂の中で突き進んだ第1回十字軍は、その勢いのままにエルサレム奪還に成功する。しかし、その戦いぶりは「聖戦」という響きからはおよそかけ離れた残忍さで、虐殺ともいえる行為が横行していた。

十字軍は進撃を続けるなかで、兵士ではない一般市民も含めて見境なしに虐殺や略奪を繰り返し、7万人とも8万人ともいわれる犠牲者が出た。

「大人の異教徒は鍋に入れて煮て食い、子供たちを串焼きにして貪り食った」

「聖地エルサレムの大通りにはアラブ人の頭や腕や脚がうず高く積み上げられていた」

当時の様子を書き記したものの中には、このような凄惨な描写が多く残されている。

イスラム教徒とみれば、その腹を裂き、焼いて灰にして、金貨を飲み込んでいないかを確かめる、ユダヤ人をシナゴーグに閉じ込めて建物ごと焼き払うなど蛮行の限りを尽くしたのだ。

結果、第1回十字軍は聖地エルサレムを奪還することに成功し、4つの十字軍国家が誕生することになった。しかしその過程で起こった残虐行為はキリスト教徒とイスラム教徒の間に深い遺恨を植えつけた。聖戦の名のもとにイスラム教徒を蹂躙《じゅうりん》した十字軍の残した傷はあまりにも深く、それが癒えないまま現在も対立が続いているのである。

初回以外はすべて失敗に終わる

押し寄せる十字軍（ドレ画）

1度目の十字軍は、目的通り聖地を奪還したのだから大成功といえる。しかし、2回目以降の十字軍は失敗続きで、最終的にエルサレムは1291年にイスラム勢力の手に落ちた。その結果、十字軍を召集した責任者であるローマ教皇の権威は失墜してしまうのである。

同じキリスト教徒でも宗派が違えば皆殺し

異端は正統への脅威だった

キリスト教は異教徒に対して容赦のない迫害を行ったが、じつは同じキリスト教信者同士の場合も同様だった。

中世ヨーロッパの初期には、ローマ帝国の終焉とともに流れ込んだゲルマン民族（102ページ参照）の自然信仰などと結びついた多様な教派が生まれた。そのことがローマ教会に危機感を募らせ、教会制度に対する脅威だとして弾圧を強める結果となった。キリスト教では教会が認めた「正統」に対して、それに反対したり異なった教義を持つ教派を「異端」として徹底的に排除した。高位の聖職者たちによって異端と認められた教派は破門され、ときに迫害されたのだ。

13世紀半ばには教皇の権威が全盛期を迎えていたが、同時に異端への取り締まりも厳しさを増していた。民衆は異端を告発する義務を負わされ、厳しい異端審問が行われた。

異端審問の様子。三角の帽子をかぶせられているのが被告（ゴヤ画）

異端審問

異端審問とは、「正統」の教えに反する思想を持つ疑いのある者を裁くシステムで、1230年頃からヨーロッパの広い地域で行われるようになった。

自分から罪を告白する者もいたが、多くは密告によって異端審問官による裁判にかけられた。

裁判といっても、現代のような公正な裁きとはほど遠いもので、非公開で弁護士もつかず、実際は罪の告白を促すための拷問であった。

最初は指を締め上げるなどの軽い拷問から始ま

り、次いで鎖につながれて飢餓や不眠といった苦しみを強いられる。この段階で罪を認めなければ、鞭打ち、逆さ吊り、炭火焼、足かせ、水責めなどの激しい拷問へと進む。そして拷問に耐えられずに自分が異端者であることを認めると、その後には十字架が体にくくりつけられ、鞭打ち、巡礼、財産没収、終身懲役といった刑罰が待っているのだ。

これらの拷問は、あくまでも受刑者を改悛させるために行われ、もしも悔い改めない場合には火刑に処せられた。

仮に誤って死なせてしまえば執行官が殺されてしまうので、命を落とさない程度のギリギリの責め苦が延々と繰り返されるのが常だった。

金欲しさの密告者が横行した

有罪になると、異端者であることがひと目でわかる不名誉な服を着せられ、円錐状の帽子をかぶらされたうえ、首に縄をつけられ、黄色い蝋燭《ろうそく》を持たされて市中を引き回しにされてから火刑場に連れていかれる。柱に縛りつけられて生きたまま焼かれるので、その苦痛は想像を絶するものだった。

なお、引き回されたあとに処刑場に到着するまでの間に罪を告白して悔い改めれば、火をつける前に絞首刑によって殺されるという慈悲が受けられる。とはいえ、最終的に火で焼かれるのは同じだった。

異端審問は基本的に密告のうえに成り立っていたので、金銭欲のために根拠のない密告をする者も多く、結果的に何の罪もない者が火刑により命を落とすことも多かった。

最大の異端の殲滅

中世ヨーロッパ最大の異端といわれるカタリ派（アルビジョア派）は、南フランスを拠点にして禁欲的で原理主義的な教義を信仰し、ローマ教会を悪魔の教会として攻撃する一派だった。

しだいに勢力を強めるカタリ派に対し、教会側は警戒感を強めていき、1209年にはこれを殲滅するべくアルビジョア十字軍が結成された。これは教皇がヨーロッパ

捕縛されるジャンヌ・ダルク

で同じキリスト教徒を討伐することに対して、異教徒討伐と同等のお墨付きを与えた初めての十字軍だった。

そして、カタリ派が多く住むという街に攻め入ったアルビジョア十字軍の部隊は、子供から女性まで片っ端から殺害し、建物に火を放った。犠牲者は10万人にものぼるという説もある。

異端審問の犠牲者ジャンヌ・ダルク

かのジャンヌ・ダルクもまた、異端審問の犠牲者だった。

彼女はイングランドとフランスの間で起こった百年戦争の末に、敵対していたイングランドに捕らえられて異端者として裁判にかけられた。

彼女の罪は、悪魔と密通して妖術を使いこなし、男装の騎士として行動したというものだった。しかし彼女が処女であったことが証明されて、悪魔との密通はなかったということになり、一時は火刑は逃れた。

しかし、ジャンヌ自身が牢獄につながれたままの惨めな境遇を拒否したために、あらためて火刑に処せられたといわれる。

ジャンヌの遺体は長い時間をかけて徹底的に焼かれ、確実に焼死したことを知らせるために民衆に晒されたといわれる。

スペインの厳しい異端審問

異端審問はすべてのキリスト教世界で行われていたが、とくに徹底されていたのは15世紀のスペインである。

１４８３年に成立したスペインの異端審問中央本部の長官トルケマダは、18年間の在職中に9万人を終身禁固刑に、８０００人を火刑に処したとされる。

少しでも異端の疑いをかけられれば、ほとんどの場合は有罪になった。とくにドミニコ修道会は異端に厳しく、ユダヤ教徒に対する徹底的で強硬な姿勢で知られていた。

必ずしも全員が処刑されたわけではなく、なかには軽い処罰で済むこともあったが、しかし処刑という判決が下されると、恐ろしい苦痛を伴う処刑が待っていた。

スペインの異端審問は、領内にキリスト教徒に改宗したユダヤ教徒やイスラム教徒を多く抱えていることから、彼らを排除する意図があったことが特徴だといわれている。また、国王がユダヤ人商人から借りた多額の借金を帳消しにしたいという狙いもあったようだ。

教皇をして「ユダヤ人の財産狙いの行為である」と言わしめたスペインの異端審問では、13万人近くの人々が裁判を受けたという。しかし、そのなかで死刑判決を受けた人は2000人にも満たないという研究結果もあり、後世の人々の意図によって多分に凄惨さが盛られたようだ。

贖宥状を買えば天国に行ける

天国に行くために不可欠なもの？

贖宥《しょくゆう》状とは、本来は教会に功労のあった信者に贈られるもので、それがあれば現世における罪が許されて天国に行くことができるとされていた。

ところが、やがて金で売買できるようになり、教会の貴重な収入源となっていく。

贖宥状が最初に売り出されたのは、１０９６年に開始された第1回十字軍の頃だといわれている。戦場で敵を殺すことに罪の意識を抱いていた兵士らは、その罪を少しでも軽くしようと考えて贖宥状を買った。

その結果、教会に莫大な金が流れた。十字軍の派遣が少なくなってからも出せば必ず売れるので、教会側も味をしめて贖宥状はたびたび発行されるようになるのだ。

贖宥状が実際にどれくらいの値段で売られていたのかははっきりしないが、貧しい庶民が競って買っていたということは、庶民でも手が出る価格だったと思われる。

また、自分がどんな罪を犯したかによって、贖宥状にも違いがあった。たとえば殺人のような重い罪を贖うための贖宥状は高価であり、もっと軽微な罪の場合は安かったと考えられている。罪を犯した当人がすでに死んでいる場合でも、その家族が死んだ者のために贖宥状を買えば、やはり効果があったとされた。そのことも売り上げを伸ばす要因のひとつになった。

腐敗した教会が求めた大金

なかでもとくに知られるのは、１５１７年にローマ教会がドイツで売り出した贖宥状だ。

１５１３年にローマ教皇に就任したレオ10世は贅沢三昧な暮らしを送っていた。そして金が足りなくなると、ドイツの金貸しだったフッガー家に巨額の借金をした。

一方、１５１４年にドイツの最高聖職位であるマインツ大司教となったアルブレヒトは、大司教になるための工作資金を同じフッガー家から借りていた。

その結果、大金が必要になったレオ10世とマインツ大司教、そしてフッガー家が手を組み、ドイツで贖宥状を大々的に販売したのである。

教会側は、贖宥状を販売するための説教師をわざわざドイツに派遣した。説教師は街の目立つところに十字架と教皇旗を掲げて、贖宥状がいかにすばらしいものかを語り、それさえ買えば誰でも間違いなく天国に行けるのだということをまことしやかに説いた。そして人々はそれを信じ、なけなしの金を出したのである。

レオ10世の贖宥状（『Nordisk familjebok』より）

宗教改革の契機となる

この時の贖宥状販売には、ローマのサン・ピエトロ大聖堂改修の工事費用を得るためという大義名分があった。しかし実際には、当時の有名な高利貸し業者も関わった、かなり露骨な金集めだった。

贖宥状はおもにドイツで売られていたので、ドイツの民衆が食い物にされていたと

1530年頃からは各地の農民が蜂起した。上は修道院を襲う農民たち

いえる。そのため「ドイツはローマの牡牛」という揶揄する言葉さえあった。

しかし、やがてこれがキリスト教教会の腐敗として問題になっていく。神学者マルティン・ルターは、1517年に発表した『九十五か条の論題』で贖宥状販売に対してははっきりと疑問を呈し、それがのちに宗教改革へとつながるのである。

「読んではいけない本」のリストがあった

印刷術の発達が禁書目録を生んだ

中世ヨーロッパにおいて書物は基本的に手書きのもので、大量に流通するものではなかった。しかも書物自体の数も少なく、それを読むことができる人の数もごく限られていた。

しかし1439年頃、グーテンベルクにより世界初の活字印刷が行われたことをきっかけにして印刷技術が発達し、大量の書物が一般に流通するようになる。

これは書物の世界における大改革だった。書物が限られた人だけのものではなく、誰もが読めるものになったのだ。

そうなると本の内容が問題になる。何よりもキリスト教の教えが優先され、信仰が

天の意志が本を焼く様子（1711年にローマで発行された目録より）

かたくなに守られていた中世ヨーロッパでは、キリスト教やその信徒に害を及ぼすおそれのある書物の流通は止められなければならない。

そのため、カトリック教会は本の内容を厳密に調べ、読んでいい本と読んではならない本とを区別した。こうして「禁書目録」、つまり読んではならない本のリストがつくられるようになったのである。

禁書となった書物

ローマ・カトリック教会が最初に禁書目録を出したのは、1559年のことだった。

ローマ教皇のパウルス4世は、カトリック教会の権威を知らしめるために、プロテス

左：ボッカチオ『デカメロン』
右：コペルニクス『天球の回転について』

タントなどの異端者によって書かれた書籍は全面的に読むことを禁止したのだ。

カトリック教徒が書いた本であっても、それが信仰に対して懐疑的な内容であったり、読んだ人の信仰心が揺れるような内容であったりすれば、その本は禁書とされて読むことはもちろん、販売することも禁じられた。

また、すでに出版されて世に出回っている本だけでなく、カトリック信徒がこれから書き始めようとしている著作についてあらかじめ検閲することもあった。

また、社会的な倫理観に反するもの、性的に問題のあるもの、政治的に偏向性のあるもの、人心を惑わす魔術書や、コペルニクスによる地動説に関する『天球の回転について』も含まれていた。

ほかにもボッカチオの物語集『デカメロン』や、エラスムスの文学書『痴愚神礼賛《ちぐしんらいさん》』、マキャベリの政治書『君主論』、ラブレーの風刺書『ガルガンチュワとパンタグリュエルの物語』など、広く読まれた書物も禁書のリストに加えられた。

禁書をめぐる混乱と反発

カトリックの司祭だったエラスムスには何点もの著書があり、その中には『幼児教育論』などの教育書もある。彼の著書は大学などの教育機関で使われていたため、禁書になったことは忌避子教育の現場に大きな影響を及ぼした。そのため、具体的にどこに問題があるかが話し合われて、その箇所だけの閲覧を不許可とするなどの措置がとられた場合もあった。

医学界からの反発も強く、長年にわたって研究が続けられてきた医学という学問に対する冒涜であるとして、しばしば医学界からの反発があった。

当然のことながら出版業者からの反発も強く、禁書目録を作成した教会との間でしばしば話し合いが持たれた。

人々が目にできる知識や思想は、キリスト教会によって完全にコントロールされたわけで、その象徴が「禁書目録」だったのである。

現代まで続く目録

禁書目録はローマ以外でも各地で出された。

1546年にはネーデルラントで、1549年にはヴェネチアで、1551年にはスペインでそれぞれ禁書目録が出された。

こういった禁書の流れは、じつは近年まで続いており、新しいものでは1948年にも禁書目録が制定されている。印刷術が生まれ書物が作られるようになって以来、禁書と言論の自由との対立は続いているのである。

教会に生活を戒められていた民衆

「小教区」の中に限定された生活

あまりにも豪華で、贅沢なあまり背徳的ですらあった支配者層の生活に比べて、中世ヨーロッパの庶民の生活は、今では考えられないほど不自由だった。生活の基本にはキリスト教の教えがあり、キリスト教会による規律によって日々の生活を強く戒められていたのである。

多くの庶民は、キリスト教会が定める「小教区」という単位の中で生きていた。庶民は誰でも、生まれた土地の教区にある教会で洗礼を受け、祝日になれば必ず教会のミサに参加し、教会の広場で祝祭を開き、そこで開かれる市場で食べ物や日用品を買い求める。結婚するときにはもちろん教会で式を挙げ、死ねば教会の横にある墓地に葬られる。

すべては教会が定めた決まり通りに行われ、教会の暦に沿って日々の暮らしは営まれていく。そこからわずかでもはみ出すことは許されなかったのだ。

掟どおりにつつましく生きる

共同体の経済的な基盤は、住民たちが納める税金だった。多くの場合、収入の十分の一を税金として共同体に納めることが義務づけられており、もしもこれを破れば厳しい罰則が科せられた。もちろん、過剰な財産を持つことは絶対に許されなかった。

中世の世界秩序を示す挿画。神が人々を宗教家（左）、王や貴族（右）、農民（下）の３つに分け、それぞれ役目を与えたことを示す

また小教区ごとに選ばれた者が、まわりに掟を破る者がいないかを常に見張る役目を担っており、違反者はすぐに告発されるシステムが構築されていた。人々は教会が定めたことに対し

て黙って従うしかなかったのである。

いうまでもなく、キリスト教の教えに背く行為や、異教と思われる行為があればたちどころに通報され、場合によっては異端審問や魔女裁判へと発展することもあった。だから人々は、ほんのわずかなことでも疑われないよう、教会が決めたルールどおりにつつましく暮らしていくしかなかったのである。

結婚についての手順はもちろん、不倫をした場合の罰則規定も場合に応じていろいろあり、さらには近親相姦、自慰行為、獣姦などについても詳細な罰則が定められていた。場合によっては、処刑されることもあった。

食生活についても厳しい規定があった。庶民の主食はパンとブドウ酒だったが、肉や乳製品は贅沢なものとされ、肉や乳製品はいつ、どのような状況で口にすることができるかが詳しく決められていた。また、何らかの罰を受ける際には、数十日にわたってパンと水だけしか口にしてはならないという掟もあった。

窮屈な暮らしではあるが、そこにあるのは、隣人との争いを避けて神の下で誰もが平等に生きるという信仰である。飢饉などが珍しくなかった時代だったので、人々に食糧を平等に行き渡らせるためには必要な措置だったのである。

土地移動ができなかった農奴

中世ヨーロッパの農業を支えた荘園制

8世紀頃から始まったヨーロッパの農業は、領主が農奴などを使役して経営する荘園制という形態をとっていた。土地を所有する領主は私有地を開墾し、そこで近隣の農奴を働かせて農業を営んでいたのだ。

これは、古代ローマ末期に行われていた、コロヌスと呼ばれる小作人を農地で働かせる「コロナートゥス」という農業経営の方法が前身だといわれている。コロヌスは貧しい市民や解放奴隷などで、土地に縛られている隷属的な小作人だ。

荘園は、領主の直営地と、農奴が家族経営を行う保有地に分けられていた。農奴は保有地の地代を生産物地代として納めるほか、直営地で週に2～3日働くという労働地代の義務が課せられていた。

厳しく搾取する一方で、領主から保有地という一定の保護を受けるというこのシステムは、中世ヨーロッパの農業経営を支えていた。

領主と農奴の関係は日本でいう地主と小作人の関係にも似ているが、中世ヨーロッパの農奴にはさまざまな制約がかけられていた。

古代ローマ時代の奴隷は、所有者にとってはものを言う道具に過ぎず、命さえもぞんざいに扱われ、商品のように売買されたり、見世物のように殺されたりした。

その点、中世の農奴は家族が持て、小さいながらも土地が所有できるなど、古代ローマの奴隷と比べると待遇はましだといえるものの、その土地に縛りつけられ、移動の自由はない。

さらに、領地外の女性と結婚する際にかけられる結婚税や、死亡した際に相続人が払う死亡税などの税金をかけられ、その生活は著しく制限されていた。

経済が身分制度を変えていった

13世紀頃から貨幣経済が活発になり、それが荘園の中にも入り込んできた。領主は貨幣を得るために、直営地で農奴を働かせるよりも、土地を貸して貨幣で地代を取るやり方のほうが都合がよくなったのだ。

その結果、農奴が富を蓄えて、金銭を払って自由な身分を買い、自営農民になるケースが増えていった。

小麦の収穫をする農民

経済の仕組みが身分制度を変えていく一方で、厳しい身分制度で縛られてきた人々の不満が噴出するようになり、のちに大きな反乱の渦となってヨーロッパの社会を変える原動力となる。

14世紀末にイギリスで起きたワット＝タイラーの乱、フランスのジャックリーの乱などを経て、農奴解放、農民の自由への流れができあがったのである。

仕事を選べなかった都市の商人や職人

都市を盛り上げたギルド

荘園が農民たちの活動の場となっていた一方で、都市部において中心的な存在となったのが商人と職人だ。

彼らは職業ごとに「ギルド」と呼ばれる組合をつくっていた。

都市で活動する商人たちが相互補助のためにつくったのが始まりで、その後「商人ギルド」、同職の職人たつが集まる「同職ギルド」となりその存在感を高めていく。

たとえば、北イタリアの諸都市が始めたアラブとの東方貿易や、北海、バルト海沿岸都市との貿易などを盛んに行った。活発な貿易で富を蓄えた商人たちがつくる商人ギルドは都市自治の中核を担うようになり、しだいに貴族階級へと発展していく。

また同職ギルド「ツンフト」は、手工業者の親方たちが職種ごとに団体を結成したものだ。

中世の職人たちは、いわゆる徒弟制度によってその職業に従事することになっていた。親方を頂点とする集団で、徒弟は親方の家に住み、衣食住を与えられるのと引き換えに無給で働いていた。

そして7〜10年の徒弟期間を終えると独立して、給料をもらって働く職人になれる。さらに腕を磨いてギルドに認められれば、親方権を得て徒弟を持てるようになるのだ。また多くの場合、子供は親の職業を引き継いだ。

簡単には職業を変えられない

一見すると豊かで、商工業も活発に行われているが、厳格なシステムでその職業が管理され、生き方を変えることは容易にできない。

ギルドには、加盟していない者の営業を拒否する権利があったため、ギルドの加入は強制的なものだったといわれる。個々のギルドの影響力を保つための制度だったが、

ドイツのベルン市の建設風景

この時代の人々は、個人の意志で容易に生き方を変えることはできなかったのだ。

フリーメーソンのルーツにもなる

また、職人のほとんどは都市に定住して仕事をしていたが、各地を移動しながら技術を磨いていく「遍歴職人」もいた。

その代表が石工《いしく》で、城壁や建物を手掛けた後、次の工事現場に移動して仕事をする。工事現場ではロッジと呼ばれる拠点をつくって、宿泊場所や道具置き場として利用していた。

その石工たちの組合から発展したのがフリーメーソンだ。フリーメーソンは石工達の組合にルーツを持っている。現代では秘密結社とも噂されるフリーメーソンの地方の活動拠点のこともロッジというが、この名前は中世時代の名残りなのである。

貴族や指導者たちの不道徳な日々

支配層の貴族が送った背徳的な日々

中世ヨーロッパは、貴族という階級が確立した時代だった。社会の支配者として存在した彼らは、いったいどんな生活を送っていたのだろうか。

一般的に貴族といえば、自分の領土の管理教務が主な仕事だった。税務や結婚、裁判に関する雑事を数多くこなし、その合間に政治に関する議論をしたり、武芸の稽古をすることもあった。そして夜になると、大金をつぎ込んだ仮面舞踏会で音楽やダンスに興じ、恋愛を楽しむといった享楽的な日々を好んだ。そこには背徳的な部分も多々あった。

そんな優雅な暮らしを好き放題に味わい尽くした貴族のひとりに、ジル・ド・レがいる。のちにシャルル・ペローなどが書いた『青ひげ』などに登場する残酷な殺人鬼のモデルではないかといわれる人物だ。

ジル・ド・レが溺れた残酷な行為

フランスがイングランドと戦った百年戦争において、彼は優れた軍人であり、かのジャンヌ・ダルクの懐刀として名を馳せた。

しかしその後、親族の莫大な遺産を引き継ぐと、それを湯水のように浪費しながら放蕩三昧の生活に没頭した。何もしなくても、年間で数十億円もの金が入ってくるのである。その生活は一変した。

たとえば、騎士見習いとして集めた大勢の美少年たちによって少年合唱団を結成させたが、それだけではなく、彼らに夜の生活の相手をさせたり、少年同士の情事を見物したりして慰み者にして楽しんだ。

はたまた美少年たちを生贄として凌辱したり、なぶり殺しにすることに溺れたのである。彼の手にかかった少年は約１５００人にも及ぶといわれる。

ジル・ド・レは死の恐怖に怯える少年たちに「もう少し頑張れば助かるよ」とささやき、希望を抱かせながら命が尽きるのを眺めては興奮するという残忍な一面も持っていたという。

悪魔との契約を望んだ結末

そんな生活が祟って晩年は禁治産者（財産管理ができない者）とされて財産を失い、また朋友だったジャンヌ・ダルクが処刑されるに至って社会的地位も失った。

こうして没落貴族になった彼は、現実世界から目を逸らして暗黒の世界へと逃げ込み、妖術や黒魔術、錬金術などにのめりこんでいく。「悪魔との契約」を結びたいと考え、悪魔を呼び出すために人身御供が必要だと信じ、ますます残酷な殺人を繰り返すようになるのだ。

しかし、それは悪魔のための儀式なのか、彼自身の性癖を満たすための行為なのか判然としないものになる。ただ、彼の周囲からは子供たちの姿が消えていくという現実だけはたしかだった。

一説では、ジルの居城には数多くの錬金術師が集められ、夜な夜なあやしげな研究が行われていたというが、そのなかでもとくにプレラッティという錬金術師が重んじられていたという。そして、このプレラッティこそがジルに「悪魔との契約」を信じ込

ジル・ド・レの処刑

ませ、人身御供としての殺人を繰り返させた人物だと考えられている。

多くの財産を持ち、人を自由に動かす力を持つ貴族には、その力を持つあやしげな錬金術師や黒魔術師が近づくことが多かった時代なのである。

結局、彼は1440年に逮捕される。ジルが国王ジャン5世に売却した領地で厳しい税の取り立てが行われたことに憤慨したジルが、それに対して怒りを示したのだが、それを理由にしてジル5世が逆にジルを捕らえたのだ。

公開裁判が行われ、ジルは自分がしてきた行為をすべて告白して懺悔した。懺悔したことが認められて、火刑による処刑ではなく絞首刑になり、その遺体を火刑にして燃やすという処置がとられたのである。

家にトイレや風呂がなかった

ベルサイユ宮殿も汚物だらけ

中世ヨーロッパでは、どんな階級の住居にもトイレがなかった。王侯貴族と平民もみんな室内の簡易トイレ、いわゆる「おまる」で済ませていた。しかも、中身がたまると無造作に家の外に捨てていた。だから、どこの通りも人間の排泄物だらけだった。

また、日傘はいつ上から降ってくるかわからない排泄物を防ぐために発明されたものであり、ハイヒールは路上の汚物を踏まないためにつくられたものである。

貴族の宮殿も例外ではなかった。ベルサイユ宮殿には腰かけ式の便器が置かれていたが、王侯貴族から召使まで４０００人もの人が居住しているのに便器は極端に少なかったので、貴族たちは廊下の隅や階段下の物陰で用を足して、そのままにしていた。

そのため、絢爛豪華な宮殿の中は排泄物だらけで異臭に満ちており、ノミやダニなどの虫が湧いていたといわれる。

通行人の頭上から汚物が降る様子

貴婦人たちの大きくふくらんだスカートは、すぐに排泄するための工夫であり、いざというときのために下着は身に着けていなかった。

必要に迫られてつくられた香水

中世ヨーロッパには入浴の習慣がなかったうえ、それが禁じられた時期もあった。ある時期には入浴をすると毛穴から黴菌が侵入すると信じられていたので、風呂に入って体を洗うという習慣が定着しなかったのだ。フランスの王ルイ14世は、生涯でたった一度しか入浴しなかったといわれる。そのため、当時の人々は体臭がかなり強かった。

そんな生活の中から必要に迫られて誕生したのが、香水である。香水はいい匂いを身に着けるためのものではなく、不愉快な匂いをごまかすためのものだったのだ。当時は衣服を洗濯するという発想もなかったので、衣類も臭かったため、香水は不可欠だった。

疫病によって入浴の習慣がなくなる

じつは、中世の初期（5世紀頃）には入浴の習慣があり、どこの都市や街にも必ず大衆浴場があった。しかし、あるきっかけで人々は風呂に入ることをやめてしまったのである。

きっかけとは、ペストなどの疫病の大流行である（88ページ参照）。

とくにペストは1347年から1350年にかけて2500万人もの命を奪ったが、原因は大気中の有害物質にあり、それが鼻や口、そして皮膚の毛穴から体内に侵入するとされていた。これを機に入浴をすることは自殺行為とみなされるようになり、浴場は即刻閉鎖されてしまった。そしてその後の300年間、ヨーロッパ中のほぼすべての住民が入浴を完全にやめてしまったのだ。

ある一面だけを見ると絢爛豪華な印象もある中世ヨーロッパだが、現実は、衛生観念がまったく発達していない、汚辱にまみれた不衛生きわまりない社会だったのだ。

ペストの大流行で人口が3分の1になる

クマネズミが運んだペスト菌

14世紀の半ば、ヨーロッパの人口の約3分の1が死んだといわれる病気が大流行した。黒死病、ペストである。

その発生源は不明だが、ペスト菌を媒介するノミがクマネズミから人間に移り、伝染させたといわれる。クマネズミはもともとヨーロッパにいなかったが、十字軍の船にまぎれ込んで西アジアからヨーロッパに運ばれてきたと考えられている。

ペストに感染して症状が進むと、敗血症により皮膚に出血斑が現れて、そのせいで全身が黒ずんでくる。そして、わずか2～3日で死に至るのだ。そのことから黒死病という名前がついた。

フランスの街中に積み上げられた死体の山(セール画)

１３４８年のヨーロッパで起こった大流行は、中央アジアに始まり、黒海北岸からシチリア島に持ち込まれ、そこからヨーロッパ各地に広がったというルートがわかっている。

社会システムの崩壊

ペストの大流行は１３７０年頃まで続いた。正確な数字は不明だが、ある説によると、総人口の３分の１とも４分の１ともいわれており、当時のヨーロッパ全体の総人口は約1億人なので、死者は２５００万人程度と推定されている。

当時、街中では「すぐに逃げろ、急いで遠くに行け、戻るのはあとにするほどよい」といわれていた。この助言にしたがって多くの人々が田舎に逃げたため、それまで感染者がいなかった地域にも病気が拡大するという悲惨な状況になった。

もっとも、人口が激減したのはペストのせいだけではなかった。田舎の田畑で働く人がいなくなり、家畜や家族の世話をする人がいなくなることにより、広範囲で当時の社会システムが崩壊したからである。つまり、病気以外で死ぬ人も急増したのである。

中世のパンデミックが終わったあとも小規模な流行は続き、ヨーロッパの人口はなかなか回復しなかった。人口増加が軌道に乗ったのは16世紀になってからである。

ペストが招いたユダヤ人迫害

当時の人々は、ペストの流行の原因がわからなかった。そのため、一部ではユダヤ人が井戸に入れた毒のせいだなどという噂が広がり、ユダヤ人に対する虐殺が起こった。

じつは、ヨーロッパにおけるユダヤ人迫害は早くからあった。イエスが処刑されたことはユダヤ人の責任であると信じられ、紀元後からユダヤ人は忌み嫌われるようになり、反ユダヤ人思想は約1000年もの時間をかけて、キリスト教社会の中で確実に広がっていた。そして、13世紀にもイギリスやスペインで大規模な追放や殺害が起こり、それがペストの大流行でさらに悪化したのだ。

あらぬ疑いをかけられて住民から虐殺されるユダヤ人もあとを絶たず、さながら世の中は疑心暗鬼に包まれたのである。たとえば「ユダヤ人が井戸に毒を投げ込んだ」といった流言飛語は至るところで広まった。人々は犯人と目されるユダヤ人を捕らえて強引に裁判にかけては死刑にしたり、場合によっては公正な裁判もなく暴力によって死なせることもあった。

また、ユダヤ人が強制的に一か所に集められて住まわされていたゲットーと呼ばれる地域では、自警団による監視が行われ、ときには焼き討ちをして財産を奪うようなこともあったといわれる。

これは、ペストが引き起こした社会秩序の崩壊の一端でもあったのだ。

擬人化されたペスト（ベックリン画）

災害と飢饉とパンデミック

大飢饉とパンデミックが襲う

１２００年頃までのヨーロッパは温暖期にあったが、それ以降は徐々に気温が下がり始めて、小氷河期ともいえる厳しい気候がヨーロッパを覆い尽くした。14〜19世紀の北半球の平均気温は、１０００〜２０００年の平均気温よりも０・６度ほど低かったと推定されている。

このことが自然と人々の生活に与えた影響は計り知れない。人間の生活は脅かされて社会不安が広がり、歴史に大きな影を落とすことになる。

とくに１３１５年頃からは大飢饉が広がり、ヨーロッパの人口の約１割が犠牲となった。さらに、大雨や津波、地震などによっても各地に大きな被害が出た。

そこへ14世紀にペストが大流行して、ヨーロッパの人口の３分の１から４分の１の命が奪われる。さらに追い打ちをかけたのは、家畜を襲ったパンデミックである。アジアからヨーロッパにかけての広い地域で重要な家畜だった牛が疫病で死んだが、地域によっては牛が全滅したところもあって、人々の生活に致命的な打撃を与えた。

現在のオランダ周辺を襲った1421年の大洪水

自然におびえ犠牲を求めた民衆

天候は人間の力の及ばない脅威である。延々と続く大自然の脅威と、深刻な食糧不足と物価の高騰におびえた人々は、不安や不信感を募らせていき、疑心暗鬼に陥る。

それに伴い、貧困による人身売買や犯罪が急増し、治安の乱れの中でカニバリズム（食人）までが横行していった。

一時は「神が天候を左右できるか否か」という真剣な論争も行われたが、そんなものでは民衆の不安は収まらず、ささいなきっかけで近隣の人を魔女として密告して、少しでも神に許しを請おうとし始める。そうして、異端審問や魔女狩りが広がることになるのだ。

魔女狩りがピークを迎えた１５８０年代後半は、ヨーロッパを前例のないほどの荒天が襲った時期と一致するともいわれ、自然の脅威がいかに人々の精神をかき乱したかがわかる。

2章 暗黒時代の権力闘争

ローマ帝国の滅亡から始まった「暗黒時代」

巨大な帝国の末期

ローマ帝国は、ヨーロッパの人々にとって特別な存在だ。

紀元前753年頃の建国当初は王国だったが、やがて王を追い出して共和制が始まり、帝政を経て、西暦395年に分裂するまでの1000年以上の間、地中海をまたいだ広大な地域を支配した大国だ。

イタリアの都市国家として始まり、強大な軍事力を背景にイタリア半島を統一すると次々と周辺の国を征服し、最大時には東のカスピ海、西の海を越えたブリテン島、アフリカ大陸まで版図を広げ、戦争捕虜を奴隷にして働かせた。

ローマには身分制度が存在していて、奴隷もいたものの、完全には固定されていなかったのが特徴だ。奴隷も一定の条件をクリアすれば「解放奴隷」となり、数々の権利を持つ「市民」へステップアップする道が開かれていた。また属州の市民からローマ市民へ、騎士から元老院議員へという上昇もできた。

希望を抱いた人々は懸命に仕事を続け、高度な技術を身につける人物も出てくる。

スペインのセゴビアに残る高さ最大28m、長さ728mの水道橋（istock.com/kompasstudi）

彼らがつくる設備により快適な生活を送ることができたローマ市民は「パックス・ロマーナ（ローマの平和）」と呼ばれる時代を謳歌することになる。その栄華のかけらは2000年を過ぎた現在も遺跡や美術品として目にすることができる。

そんなローマ帝国の滅亡には多くの要因がある。ローマの政治システムの象徴ともいえる元老院が腐敗してしまったことや、ゲルマン人の大移動（102ページ参照）、軍隊の弱体化、そして膨《ふく》れ上がった人口をまかなうことのむずかしさなど、数え上げればきりがない。

それらの中でも影響が大きかったのが、身分制度が崩壊したことだった。

奴隷は「もの言う道具」

前述したように、ローマの身分制度には自由さがあった。しかし、すべての人がその自由を享受できたわけではない。疎外された人にとっては、ローマはとても窮屈で不自由な場所だった。

ローマには強烈な排他主義による残酷な風習も存在した。戦争の捕虜となってローマへと連行された異民族は、人間としての扱いを受けることはなかったのだ。

ローマ帝国にはもともとネクソスと呼ばれる借金のかたに奴隷になった者がいて、農作業や家事などに従事していた。領土拡大のための征服戦争の結果、外国から捕虜が大量に連れてこられるようになると、彼らもまた奴隷として農地などで働かされるようになる。

奴隷たちの多くは農奴として働かされたが、中には剣奴《けんど》となった人もいて、彼らは剣闘士と呼ばれた。その剣闘士たちが闘技場で殺し合い、ときには死ぬまで野獣と闘う姿に人々は熱狂した。

ローマ人社会では奴隷は人間ではなく、「ものを言う道具」だった。剣闘試合は道具と道具、道具と動物が戦う、市民にとっての娯楽のひとつだった。ある意味では、奴隷の労働のおかげで市民の楽しい暮らしが支えられていたといえる。

制度の崩壊・分裂・滅亡

しかし、帝政末期には他国への征服戦争がひと段落していたために捕虜が発生しなくなり、奴隷の供給が滞《とどこお》るようになった。

そこで広大な土地の所有者は、貧困などで都市から逃げ出した市民や解放奴隷をコロヌスと呼ばれる隷属農民として働かせるようになった。

そしてローマ帝国末期に皇位についたコンスタンティ

ヌス1世は、膨れ上がった領土を維持する経済基盤を強化するため、特権階級以外の身分や職業を固定化した。

このことによって、ローマの経済を発展させていた自由な身分制度が硬直化し、社会基盤が揺らいでいくことになる。そして内政や経済の混乱、各州の勢力争いなどに押され、ローマ帝国は東西に分裂した。

西ローマ帝国は476年、ローマの傭兵隊長となっていたゲルマン人のオドアケルによって幼帝ロムルスが退位させられたことで、滅亡を迎えた。

東はビザンツ帝国として15世紀まで続くが、ビザンツ帝国はバルカン半島を中心とした地域がその領地で、住人にはギリシア人が多かった。そして、しだいにギリシア化していき、公用語もギリシア語になる。もはやかつてのローマ帝国とはまったく別のものとなっていくのだ。

こうして栄光のローマの歴史に幕が下ろされ、ヨーロッパは混乱や争いがはびこる「暗黒時代」へと向かうのである。

ヨーロッパを再編した「蛮族」の来襲

最初のきっかけはアジアのフン族の移動

西ローマ帝国が滅亡して以来、かつてのローマ帝国領であった西のイベリア半島からアドリア海沿岸に至る広大な地域は、治める者のいない空白地帯となっていた。そこに移動してきたのがゲルマン人だ。

ゲルマン人はもともと北海やバルト海、黒海のあたりに住み、農業や牧畜を行って暮らす民族だった。それが移動を始めた理由は、4世紀後半に始まったフン族の襲来だ。もとは中央アジアの騎馬民族であったフン族が、ゲルマン系のゴート人が住んでいた黒海沿岸を侵略したのだ。

そのため、押し出されたゴート人は黒海からイタリアへと移動し、ついにはフランス南西部まで移動することになった。

そのほかにも、中央ヨーロッパにいたヴァンダル人はフランスを通って北アフリカからシチリア島やサルディーニャ島に、ドイツ東部を流れるエルベ川の上流にいたランゴバルド人はイタリア半島北部というように、もともとの居住地からヨーロッパ各地に広がり、新たな国家を築いた。

このように、4世紀から6世紀にかけて、ヨーロッパ全域でゲルマン民族の大移動が起こった。そして彼らによってヨーロッパ各地が再編されていったのである。

バルバロイと呼ばれたゲルマン人

ラテン系の民族であるローマの人々にとって、ゲルマン人は野蛮な存在だった。鉄製の武器を持ち、部族によって異なるゲルマン語を話す彼らを、ローマ人は「バルバロイ（意味不明な言葉を話す人々）」という蔑称で呼んでいた。

とはいえ、ゲルマン人による侵略が暴力的なものだったかというと、そうとも言い切れない。現在では、あくまでもローマ人の法に則った形で土地の支配者から土地を与えられ、部族国家を建てたという説が有力だ。

彼らはそこでローマ人たちと混血し、ゲルマン民族の文化や風習をヨーロッパ全土に伝えていく役割を担う。そして結果的に、内側からじわじわと、しかし確実にその支配領域を広げていったのだ。

こうして西ローマ帝国の跡地にはいくつものゲルマン人国家が誕生した。

強大なゲルマン国家・フランク王国の登場

ゲルマン人国家の多くは長くは続かなかったが、クローヴィスによって481年に建てられたフランク王国は強大な国家に育っていった。

現在のフランス北部にあたる地域から始まったフランク王国はしだいに支配地域を拡大していき、南フランスからイベリア半島にかけてを支配していた西ゴートの王国軍を破って、現在のドイツ・フランス・オランダ・

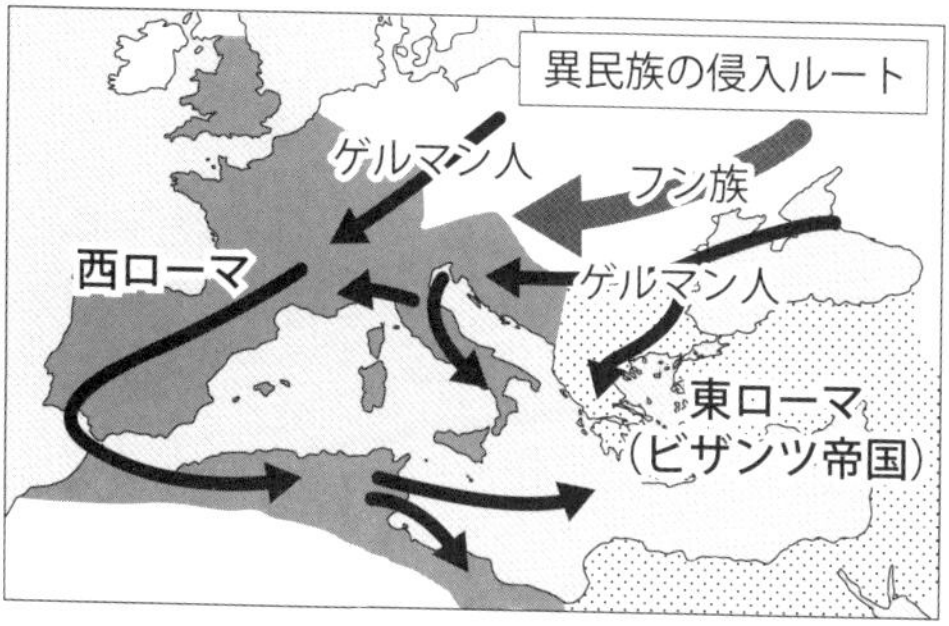

ベルギー・スイスにあたるガリアのほぼ全域を支配することとなった。

また、クローヴィスはゲルマン人が信仰していたキリスト教の一派であるアリウス派からカトリックに改宗した。これにより、ローマ＝カトリック教会とゲルマン人国家が結びつくことになる。

ただ、このことによってフランク王国全体が完全にカトリック化したかといえばそうではなく、従来の自然崇拝、多神教とキリスト教が融合することにより魔女や呪い、異端という形になって、近代に至るまでヨーロッパの地に残り続けることになったのである。

強大なフランク王国の分裂と民族大移動

フランク王国の分裂で生まれたヨーロッパの原型

ヨーロッパの歴史の転換期には、民族の大移動というキーワードがつきまとう。4世紀のゲルマン人の大移動に続き、9世紀頃に始まったノルマン人の大移動もいやおうなしにヨーロッパの勢力図を変えていくことになる。

ときのヨーロッパは、フランク王国の偉大な王シャルルマーニュ（カール大帝）の死後、中部フランク王国、西フランク王国、東フランク王国の3つに分裂していた。

フランク人は伝統的に分割相続制をとっていたため、相続の時には分裂のリスクがあった。カール大帝によって全盛期となったフランク王国も例外ではなく、843年のヴェルダン条約によって3つに分割されてしまったのだ。

ノルマン人によるイングランド攻撃

さらに、その約30年後に中部フランクが相続により3分割され、東側が東フランク王国に統合された現在のドイツ、西フランク王国が現在のフランス、そして中部フランクの残りがイタリアの原型となった。

ヴァイキングたちの移動

フランク王国の分裂と時を同じくして、北方から移動を始めたのがノルマン人である。

彼らはおもにスカンジナビア半島で狩猟や漁猟を生業にして暮らしていた民族だ。造船技術に長け、海で活動する彼らは、ヴァイキング（入り江の民）とも呼ばれていた。それが寒冷化や人口増加などの理由から船を使ってヨーロッパ各地に襲来し、勢力を広げていったのだ。

北海からフランス西部に到達した首領ロロが率いる一派は、当時の西フランク王シャルル3世との取引によって、ノルマンディー地方の領有を認められた。ノルマンディー地方とは、ドーバー海峡を挟んでイングランドと向かい合う現在のフランス北部にあたる。これによって、ノルマンディー公領が誕生した。その後ノルマン人は、ノルマンディー公領を足がかりに西や南にも勢力を拡大していく。

イングランドでは北西岸から内陸に攻め込み、アングロ＝サクソン人が建てた七王国の多くを滅ぼした。ノルマンディー公ウィリアムは１０６６年にイングランドを征服して、ノルマン朝を開いた。このノルマン朝が実質的に現在のイギリスとつながっていく。また、イタリア半島の南部には両シチリア王国を建国した。

バルト海から黒海に至った一派は、先住のスラヴ人を征服し、ノヴゴロド国を建てた。のちにさらに南下して、周辺のスラヴ系民族とともにキエフ公国を建てると、ノヴゴロド国を吸収した。

ヨーロッパ各地にノルマン人が建てた国は、新たな勢力としてヨーロッパの地図を書き換えていったのである。

キリスト教同士の対立と東西分裂

5つに分かれた教会

ヨーロッパにおけるキリスト教の影響はきわめて大きい。それは信教や思想の面だけでなく、ときに政治や武力において深く関与することもあった。

392年にローマ帝国の国教となった頃から、キリスト教は5つの管区に分かれて大司教が置かれ、各地の教会や信徒を統括していた。「五本山」と呼ばれるローマ、コンスタンティノープル、アレクサンドリア、エルサレム、アンティオキアだ。

このうち、ローマを本拠地とするローマ教会と、東ローマ帝国（ビザンツ帝国）の首都コンスタンティノープルに総主教庁を構えたコンスタンティノープル教会以外の3つは、7世紀以降にイスラム勢力の支配下となって衰えた。

そのため、ローマ教会とコンスタンティノープル教会がキリスト教の中で大きな勢力となり、東西に分かれて少しずつ対立を深めていくことになるのである。

ローマ教会側の枢機卿がコンスタンティノープル側の総主教を破門する様子

聖像禁止が火種となる

ふたつの教会は一定の距離を保ちつつも共存していたが、726年にビザンツ帝国の皇帝レオ3世が「聖画像禁止令」を出したことで、本格的に対立することになる。

聖画像とは聖母マリアやイエスを描いたもので、ビザンツ帝国ではイコンと呼ばれる。

この禁止令は、ゲルマン人に対する布教に聖画像を利用していたローマ教会にとっては受け入れがたいものだったため、ローマ教皇は反発した。

最終的にはビザンツ帝国での聖像擁護派への弾圧を経て、843年にイコン崇敬が復活しことで事態はいちおう収束したが、この一連の流れが東西教会の間にあった溝を大きく広げるきっかけとなったのだ。

それでも互いに住み分けができていればよかったのだが、やがてスラヴ民族やブルガリアへの布教活動において直接、衝突を繰り返すようになってしまった。

当時、バルカン半島に支配領域を広げていたブルガリア帝国がキリスト教を国教化しようとした時、どちらの教会に属するかに関して、ローマ教会もコンスタンティノープル教会も一歩も譲れなかったのだ。

このブルガリアにおいての争いが、キリスト教会が決定的に東西に分裂するきっかけとなる。

分裂の決定打となった大虐殺

分裂の決定打となったのは、1014年に起こったクレディオンの戦いと、それにともなうビザンツ帝国の皇帝バシレイオス2世によるブルガリア人の大虐殺だった。

それまでビザンツ帝国とブルガリアとの間には、支配権をかけた争いが断続的に起きていた。そして内紛の影響でブルガリアの体力が落ちた頃、遠征してきたビザンツ軍によって打ち負かされた。

その結果、１万５０００人のブルガリア人捕虜が１００人ずつに分けられたうえ、そのうち99人は両目をくり抜かれ、一人だけが片目を残されたうえで、道案内をさせられる形でブルガリア王のもとに戻されるという残虐極まりない仕打ちを受けたという。ブルガリアの皇帝はショックで死亡し、その勢いで国そのものも併合されてしまったのである。

ブルガリア皇帝が帰還した捕虜を見て卒倒する様子

これは、ローマ教会側からすれば、ビザンツ帝国が単なる武力侵攻ではなく、大虐殺という手段を使って力ずくでブルガリアを国ごと奪ったことになり、とうてい容認できることではなかった。

この事件によって東西の関係は決定的に悪くなり、その後、互いに破門し合うという泥仕合に発展するのである。

ローマにない「神聖ローマ帝国」の誕生

神聖ローマ帝国という不思議な国

ローマ帝国とよく似た名前の国に、神聖ローマ帝国がある。とはいえ、この2つの国に直接的なつながりがあるわけではない。

「神聖ローマ帝国」という国名が公式に登場したのは12世紀中頃のことで、かつてのローマ帝国が東西に分裂してから700年以上も経っており、ローマを領地としていたわけでもない。神聖ローマ帝国があったのは、現在のドイツにあたる場所である。

ではなぜ「神聖」「ローマ」なのか?

その理由には教会が深く関わってくる。

神聖ローマ帝国の始まりは962年に東フランク王国の王オットー1世が、ローマ教皇から「ローマ皇帝」として戴冠された時点までさかのぼる。

当時のオットー1世は、東方から盛んに国境をおびやかしていたマジャール人を955年のレヒフェルトの戦いによって撃退した。その功によってローマ教会から「ローマ帝国の継承者」たる皇帝位を与えられたのである。

ごり押しの神聖ローマ皇帝

ローマ教会が皇帝の位を授けるという点については、以下のような複雑な経緯がある。

シャルルマーニュ。フランク王国が神聖ローマ帝国とフランスの基礎をつくったことを紋章が示している（デューラー画）

そもそも最初に「ローマ皇帝」の戴冠を受けたのは、フランク王国の国王シャルルマーニュ（カール大帝）だった。

ビザンツ帝国のコンスタンティノープル教会が726年に

「聖画像禁止令」を出したことは前項でも述べたが、そのことがここでも影響してくる。

聖画像禁止令に猛反発していたローマ教会が、みずからの後ろ盾として選んだのが、ローマ教皇に教皇領を献上したピピン3世の息子で、熱心なキリスト教信者でもあり、強大な軍事力を持つシャルルマーニュだったのだ。

ここに、西ローマ帝国がなくなって地盤が揺らいでいたローマ教会と、信心深いローマ皇帝という新しいつながりが生まれたのである。

とはいえ、ローマ教皇にローマ皇帝を任命する権限があったのかといえば否だ。この一連の出来事は、あくまでも任命する側とされる側にメリットがあったことで成り立っている。今でいうごり押し案件なのである。

もう1人の初代皇帝

ちなみに、「神聖ローマ帝国」という呼び名は最初から存在していたわけではない。シャルルマーニュの戴冠は一時的なもので、2代目以降が続くわけではなかった。

オットー1世がシャルルマーニュと違っていたのは、「神聖ローマ皇帝」を次の代につなげたことだ。そして、オットー1世はその治世のなかで、みずからの領地を現在のドイツ一帯まで拡大した。このことで、東フランク王、つまりドイツ王が神聖ローマ皇帝を兼ねるという慣習や、神聖ローマ帝国の土台がつくりあげられたのだ。

始まりはごり押しではあったが、強大な軍事力とローマ教会の後ろ盾にはある程度の説得力があったため、神聖ローマ皇帝は領土を持つ有力者である各地の諸侯たちを束ねる世俗の指導者としての存在になっていくのである。

オットー1世（左）と次の皇帝オットー2世（右）

諸侯が求めたのは自分たちに都合のいい皇帝

神聖ローマ帝国は、その地域にある諸侯

神聖ローマ帝国の皇帝を決める選挙権を持つ選帝侯

の国が緩く結びついてできている連合国のようなスタイルだった。

皇帝はそれらの中から、諸侯による選挙によって選出された。そのため選挙には諸侯たちの思惑が色濃く反映され、「自分たちにとって都合よく動く皇帝」の誕生が望まれたのだ。

神聖ローマ皇帝の位は、実際にはほぼドイツ王が兼任する形になっており、あくまでひとつの国の王だったといっても過言ではないだろう。

神聖ローマ皇帝は、「皇帝」の名を冠していても、かつてのローマ皇帝のような強大な権力を持っていたわけではないことがわかる。

また、オットー1世以降、代々の神聖ローマ皇帝は、その名を意識してか、イタリアを支配して真の「ローマ皇帝」としての戴冠をめざすことが多かった。たとえばオットー3世はかつて古代ローマの宮殿があった丘にローマ式の宮殿を復活させたり、イタリアに遠征したりしている。

そのため、足元の領地への目配りがおろそかになる傾向があった。そのことが諸侯に力をつける隙を与えることになった。

オットー1世は、もともと国の統治に教会の力を利用していて、神聖ローマ皇帝の座に就いてからも寄進などと引き換えに聖職者の任命権を握っていた。これを、帝国教会政策という。

このことが、教皇と皇帝の対立の火種になっていくのである。

神聖ローマ皇帝とローマ教皇の権力争い

宗教と世俗の激しいつばぜりあい

宗教と世俗の関係は、いつの時代も絶妙なパワーバランスの上に成り立っている。いったんそのバランスが崩れると、武力闘争に発展し、人々の命をおびやかすことにもなりかねない。

中世ヨーロッパでも、宗教勢力のトップであるローマ教皇と、世俗の代表といえる神聖ローマ皇帝の間には、権力闘争ともいえる緊張状態が常に続いていた。

その象徴的な火種ともいえるのが、教会の司教などの任命権をめぐる争い（聖職叙任権闘争）だ。

もともと、各教会に配置されている聖職者を任命する権限は、当然キリスト教の最高権威である教皇のもとに集約されていた。しかし、人事権の掌握というのは権力を手っ取り早く手にする方法であり、神聖ローマ皇帝はオットー1世以来、帝国教会政策という名のもとにその権利を行使していたのである。教皇と皇帝の間の聖職叙任権（任命権）闘争が続くなかで、1077年に起こったのが世にいう「カノッサの屈辱」である。

雪の中で許しを請うた神聖ローマ皇帝

裸足で教会の前にたたずむハインリヒ4世（シュヴァイザー画）

当時の神聖ローマ皇帝ハインリヒ4世は、教会の司祭や大司教をみずから任命することで、権力基盤を絶対的なものにしようと画策した。

しかし、教皇グレゴリウス7世はそれに反発し、1075年に俗人による聖職叙任の禁止を決定したのだ。

つまり、聖職者の叙任権は俗人である皇帝ではなく、聖職者である教皇が持つという宣言である。

これに対してハインリヒ4世は、独自の会議を開いて教皇グレゴリウス7世の廃位を宣言するという強硬策に出た。

すると教皇はハインリヒ4世の王権を停止して、家臣による忠誠の誓いを解き、王を破門した。

教会から破門されるということは、キリスト教というカテゴリーの中で結びついている各地の諸侯を統制することができなくなることを意味する。さすがにこれはまずいことになると考えたハインリヒ4世だが、打開策としては教皇に破門を解いてもらうしかない。そこで、北イタリアにあるカノッサ城にいた教皇のもとに向かった。

折しも季節は真冬の1月で、領地のドイツからアルプス山脈を越えていくのはかなり厳しい道のりだったことは想像に難しくない。

教皇はなかなか姿を現さなかったため、ハインリヒ4世は武器を捨て、修道服を身に着け、雪の中を素足で3日間土下座して許しを請うたという逸話もある。

この屈辱的な出来事の後、皇帝による聖職叙任権を否定させたうえでハインリヒ4

世の破門は解かれた。
しかし、2人の争いはそれでは終わらないのである。

神聖ローマ皇帝の逆襲と教皇の死

破門からの一連の流れが諸侯たちに知られたことによって、ハインリヒ4世はプライドだけでなく実際の求心力も地に落ちてしまった。

教皇グレゴリウス7世

皇帝のお膝元であるドイツでは、諸侯たちの中でハインリヒ4世を支持しないグループが義弟のルドルフを国王として擁立し、分裂状態のままで争うことになった。

ハインリヒ4世は反対派との戦いで優勢となると、機に乗じて反グレゴリウス派の諸侯をまとめ、新たに教皇を擁立してしまった。そして、大軍を率いてローマ教会を包囲したのだ。

教皇グレゴリウス7世は捕らえられ、片腕を切り落とされながらもかろうじて落ち延びたが、そのままローマに戻ることは叶わぬまま、失意の中で非業の死を遂げたとされている。

勝者なき争いの果て

恨みを晴らしたように見えるハインリヒ4世だが、その後も権威は回復せず、自分が引き立てた新しい教皇とも対立してしまった。

その後、二人の息子にも反旗を翻《ひるがえ》されて王位から引きずり落とされ、その翌年、失意の中で生涯を終えるという悲しい最期を迎えたのである。

教皇と皇帝の間の聖職叙任権闘争はその後もくすぶり続け、1122年のヴォルムス協約で、皇帝が帝国教会政策を放棄してドイツ以外での司教任命権を放棄することでようやくの終結を見た。

これによって教皇権はゆるぎないものとなり、さらには第1回十字軍の遠征が成功を収めたこともあって、最盛期を迎えたのである。

聖職者の腐敗が招いた教皇の危機

キリストの使徒の権威を受け継ぐ「教皇」

ローマ教皇と神聖ローマ皇帝の関係は、最初は持ちつ持たれつだったのが、どちらかが抜きん出ようとする対立関係へとシフトしていった。

そもそもなぜ、宗教指導者である教皇が政治的な指導者である皇帝と並び立つような権力を持てるのかといえば、初代教皇がイエス＝キリストの一番弟子である聖ペトロであるとされることからもわかるように、キリスト教における使徒という至上の権威を受け継ぐ存在であるというのがその大きな理由である。

使徒とは、イエス＝キリストの福音を伝える12人の弟子のことで、キリストが直接選んだ高弟という位置づけだ。

神聖ローマ帝国は、ひとつの国ではなく、大きな土地を持つ領主である諸侯が集まってできていた集合体のようなものだった。彼らを結びつけていたもののなかで、大きな要素になっていたのが信仰、つまりキリスト教徒であるということだ。

教皇は宗教的な最高権威であり、絶対的に仰ぎ見る存在だった。ただ、その一方で政治的支配をしていたわけではないため、教皇の権力基盤は確固たるものとはいえなかった。

聖職者たちの腐敗と教皇の失墜

たとえば、各教会の司祭や聖職者を任命する権利は、本来ならそれらを統括する教会側にあるはずだ。

にもかかわらず、諸侯たちは聖職者に賄賂を贈ることによって実質上の人事権を持つようになった。諸侯たちと封建制度（214ページ参照）を通じて主従関係にあった皇帝は、人事権を手中にした諸侯たちを支配することで、聖職叙任権をなし崩しに手に入れた状態にあったわけである。

贈収賄が盛んに行われた結果、聖職者たちは禁欲的とは正反対の生活を送るようになってしまっていた。教会の堕落は顕著で、教皇グレゴリウス7世は、聖職叙任権が実質上領主たちの手に渡ってしまっているという状況を打破するために、改めて俗人による聖職叙任の禁止を宣言したのだ。

これは、暗黙のうちに横行していた領主たちと聖職者との癒着を断ち切り、教会の秩序を取り戻したいという狙いがあった。その行動は皇帝ハインリヒ4世との間に軋轢を生じさせ、カノッサの屈辱が起きたのである。

その結果、教皇の権威は高まり、1198年に就任した教皇インノケンティウス3世の頃に最高潮を迎えた。彼は公会議の場で、「教皇は太陽、皇帝は月」という言葉で、教皇と皇帝の関係を示した。

しかし実際のところ、その頃には十字軍の失敗もあり、教皇の権威は大きく失墜していく過程にあった。そしてその後、諸侯、つまり国王たちの時代がやってくるのである。

1215年の公会議で第５回十字軍を呼びかけるインノケンティウス３世

ローマ教皇がフランス国王に幽閉された「アヴィニョン捕囚」

退位を迫られた教皇の憤死

一時は太陽になぞらえられるほど絶対的な権威を誇ったローマ教皇だったが、盛者必衰の理のごとく、13世紀末頃からその力は目に見えて衰えていった。その最中で起きたのが、アナーニ事件と教皇のアヴィニョン捕囚である。

主な登場人物は、ローマ教皇ボニファティウス8世とフランス国王フィリップ4世だ。

このときフィリップ4世は、聖職者への課税をめぐって教皇ボニファティウス8世と対立していた。フィリップ4世が課税をしようとしていたが、ボニファティウス8世は聖職者への課税を禁止する。すると、フィリップ4世はローマ教皇庁への献金を停止したのだ。ボニファティウス8世は教皇令「ウナム・サンクタム」を発布し、教皇は皇帝や王をも従える存在であることを宣言した。フィリップ4世はこれに強く反発したため、教皇は彼を破門する準備をする。

しかし1303年、フランスの反教皇派たちによってローマ郊外のアナーニに滞在していたボニファティウス8世が襲われ、軟禁されて退位を迫られた。

隙を見て救出された教皇はローマに戻ったが、一ヵ月後に憤死してしまったという。これがアナーニ事件だ。ちなみに、この事件にフィリップ4世が絡んでいたかは謎とされている。

教皇ボニファティウス８世の捕縛

教皇の不在

その後、フランス人司教だったクレメンス5世が教皇に就任すると、1309年にフィリップ4世は教皇庁をローマから南フランスのアヴィニョンに移させた。

これを教皇のアヴィニョン捕囚（バビロン捕囚）と呼び、1377年にローマに戻るまでローマ教皇がローマにいないという状態が続いたのである。

ただ、捕囚といっても教皇は監禁されていたわけではない。アヴィニョンに豪華な教皇庁を建てて、表面上は教皇の権威は保たれていた。しかし、アヴィニョン時代の教皇はすべてフランス人であり、実際はフランス王の下での〝籠の鳥〟状態が続いたのだ。

この状態はさすがに異常であるとして、ローマ市民や各地のキリスト教会から教皇のローマ帰還に対する声が強くなっていった。

そこで神聖ローマ皇帝カール4世の支援もあってグレゴリウス11世がようやくローマへの帰還を果たしたが、その後も混乱は続き、のちの教会大分裂へとつながっていくのだ。

3人のローマ教皇による泥仕合

ローマ教会内の内紛で教皇が2人になる

前項で記したローマ教皇のアヴィニョン捕囚は、ローマ教皇がローマにいないという異常事態を引き起こした。これに対してローマ市民をはじめ、多くのキリスト教徒の声が高まったために、１３７７年に教皇グレゴリウス11世はアヴィニョンからローマに戻された。

しかし、その直後、さらに深刻な事態が起きた。

ローマに帰還したグレゴリウス11世が死去すると、枢機卿《すうききょう》（教皇に次ぐ地位の聖職者）選挙において久しぶりのイタリア人教皇の選出を求めて市民たちが暴動を起こした。その結果、一部の枢機卿たちによって選ばれたウルバヌス6世が教皇の座に就いたが、彼は枢機卿の権力を制限しようとした。

これに対抗する枢機卿たちによって選挙がやり直され、今度はクレメンス7世が選出される。しかし、ウルバヌス6世はこの結果を認めずローマに居座り、クレメンス7世はアヴィニョンに戻って教皇を名乗った。

これによってローマとアヴィニョンに教皇が存在する状態になり、教会大分裂（大シスマ）が始まったのである。

3人の教皇が並び立つ異常事態

ウルバヌス6世を支持したのはイングランド、ポーランド、ハンガリー、神聖ローマ帝国で、クレメンス7世を支持したのはフランス、ブルゴーニュ（現フランス・ベルギー・オランダにまたがるあたり）、スコットランド、カスティーリャ（現スペイン周辺）だ。ローマ教会の影響が及ぶヨーロッパを巻き込んだ争いになったのである。

両者はそれぞれが正統性を主張して一歩も譲らず、互いに破門し合うという泥仕合を繰り広げた。いったんは両陣営の教皇を退位させて新たな教皇を立てることで収拾が図られたが、結局どちらも退位せず、今度は3人の教皇が同時に並び立つというカオスとなってしまった。

このローマ教会の混乱は、社会の動揺を招き、各地で反体制運動や教会改革などへの動きが活発になり、宗教改革の先駆者とされるイングランドのウィクリフの改革運動や、封建社会体制への反乱であるイングランドのワット＝タイラーの乱につながっていく。

同時期に皇帝となった３人。左からグレゴリウス12世、ベネディクトゥス13世、アレクサンデル５世

なお3人の教皇については、最終的には、領土の混乱を避けたい国王や諸侯が危機感を募らせ、1414年にコンスタンツ公会議を開いて事態の収拾を図った。

こうして3人の教皇はいったん退位させられ、新しい教皇が選出された。

それによって、ようやく再びローマ教会は唯一の存在となり、ローマ教会の混乱は一応の終結を迎えたのである。

素人集団が十字軍を撃退したフス戦争

カリスマ的指導者ヤン＝フスの聖書至上主義

14世紀に入ると、ローマ教会は混乱を極めていた。

当時オクスフォード大学の教授だった神学者ウィクリフは宗教改革の必要性を訴え、「聖職者を通じてではなく、聖書を通して救いを求めるべきだ」と唱えた。

この主張を支持したのがベーメン（ボヘミア、チェコ）のヤン＝フスである。

プラハ大学神学部教授だった彼にはカリスマ的な魅力があり、ローマ教会に不満を抱く人々を統率し、ウィクリフが説いた宗教改革の必要性を訴えていた。

ローマ教会では、一般市民に対する聖体拝受はパンのみで行い、ブドウ酒を用いるのは聖職者だけだった。しかしフスは、一般市民もパンとブドウ酒を用いた聖体拝受を行えるように主張していたのだ。

そこでフスと教会との話し合いの場が設けられることになる。１４１４年のコンスタンツ公会議に招かれて足を運んだフスだったが、翌年に異端の疑いをかけられ、一方的な審判ののち、火刑に処されてしまった。

このとき、すでに死亡して埋葬されていたウィクリフも異端とされ、墓から遺体を掘り返して火刑にされることが決まり、12年後に実行された。

火刑を受けるフス

フス派の蜂起

指導者フスをだまし討ちされた支持者たちの怒りのボルテージは上がり、急速に団結し、反ローマ教会の精神を露骨に打ち出し始めた。

彼らは、「フス派」というキリスト教の一宗派とみなされるようになり、同時に異端とされて迫害されるようになる。

過激さを増していったフス派は、デモ行進の末にプラハの市庁舎に乱入し、市会議員たちを二階の窓から突き落とした。そして落下した議員をデモ隊が取り囲み、虐殺してしまう。

彼らはそのまま旧市街になだれ込み、たちまちのうちにプラハ全域を制圧した。

デモ隊の議員虐殺の様子

これにショックを受けたベーメンの国王は急死してしまった。

素人集団に敗北する十字軍

その後のベーメン王位は、死亡した王の義弟である神聖ローマ皇帝ジギスムントが継ぐはずだったが、コンスタンツ公会議でフスを見捨てたのはジギスムントその人だった。フス派がジギスムントの王位継承を受け入れるはずがなく、その即位を断固として拒んで徹底抗戦の構えを見せた。

そこでローマ教会は、フス派の拠点であるプラハ大学をプラハ市ごと破門するという強硬策に出た。これに対しプラハ市民は修道院を襲撃し、さらにはジギスムントがフス派討伐のために送り込んだ十字軍との間で戦闘になり、1419年に「フス戦争」が始まったのである。

騎士を中心に組織された十字軍と違って、フス派の兵士は市民や農民、女性も含む素人の寄せ集めだった。そこで、のちに戦争の英雄とされるヤン＝ジシュカによって、クロスボウや火器などを積んだワゴンを利用した戦術がとられた。これによって、戦闘の素人でも互角に戦えたのだ。

素人相手と高をくくっていた十字軍側は完全に意表を突かれ、馬から引きずり落されて殺された。

ちなみにフスは、現在でもチェコで英雄といえば彼の名前があがるほど人気がある。

異端のフス派と教皇の対決

フス派のほころびにつけ込むローマ教会

宗教戦争として始まったフス戦争は、しだいにスラヴ系チェック人を巻き込んだ民族自立闘争の要素も加わって長期化した。

手を焼いた神聖ローマ皇帝ジギスムントは武力での制圧をあきらめて、穏健派と結んで講和を結ぼうとする。しかしフス派も一枚岩ではなく、戦闘が長期化を余儀なくされるなかで、急進派と穏健派に分かれていったのだ。

穏健派がめざしたのは、チェコ国内におけるフス派の信仰をローマ教皇に認めさせることだった。これに対して急進派は、ローマ教会を倒してヨーロッパを正しい信仰に導くという野望を掲げた。

フス戦争が始まった当初は、攻め寄せる十字軍に対して穏健派も急進派も協力し合い、次々に敵を撃退していく。しかし戦争が長期化し、教会側の態度が軟化して講和に傾いてくると、その結束がほころび始めた。
教会側はこれを見逃さず、穏健派と組んで急進派を叩くという戦術に出たのである。

指導者が殺され急進派は壊滅

講和に積極的な穏健派に対し、急進派はあくまでも戦いを継続させる構えだった。十字軍の本拠地であるドイツを叩くため、「華麗なる遠征」を繰り返し、いつしか周辺各国への略奪行為を繰り返すようになる。

ジギスムント（デューラー画）

このことで、被害にあった各国から和平への圧力がかかり、１４３１年のバーゼル公会議で講和に対する話し合いが持たれた。
この流れの中で急進派と穏健派の対立は激しくなり、１４３４年にリパニの戦いが起きた。急進派も穏健派もヤン＝ジシュカ仕込みの武器戦術で戦ったが、形勢は急進派に有利なように見えた。

しかし、これは教会側と手を結んだ穏健派の罠だった。油断を誘った穏健派によって急進派は指導者が殺されて壊滅状態に陥った。穏健派はジギスムントをベーメンの王と認める代わりに、自分たちの信仰を維持することを承認させたのである。

その後、ジギスムントが即位後すぐに亡くなったため、穏健派の貴族であるイジーが王として選出された。イジーはまだ残っていた急進派を解散させ、国内を穏健フス派でまとめ上げたのである。

こうして、キリスト教を揺るがせたフス戦争は終結を迎えた。ウィクリフやフスがめざしたキリスト教の本格的な改革には至らず、それはルターやカルヴァンが登場する16世紀まで待たなければならなかった。

力をつけた王同士の争い

社会不安による信仰心の衰え

14世紀から15世紀に起こったローマ教会の混乱はヨーロッパ社会に大きな影響を与えた。しかし混乱していたのは教会だけではない。世俗の方面でも大きな混乱と変化のときを迎えていた。

当時のヨーロッパは多くの災厄に次々と襲われていた。

寒冷多雨の冬が何年も続き、14世紀初頭の大飢饉では穀物は育たず、寒さと飢えで北ヨーロッパの人口が15パーセント近く減少したともいわれる凄まじい被害をもたらした。

さらに、ヨーロッパの人口の3分の1が感染死したといわれる1347年から始まったペストの大流行も人々の生活に打撃を与えている。

食糧不足や疫病におびやかされた人々は、しだいにキリスト教への信仰心の揺らぎが目立ち始め、信仰によって生まれた伝統的な絆は崩れ去っていった。そうして教皇の権威は弱体化し、国王の時代が到来するのである。

より世俗的な目的のための戦争へ

各国の王たちは自国の経済を立て直し、民衆の混乱を鎮めるために中央集権的な国家づくりに着手した。その過程で、領土の拡大や支配権などを巡って各国の間に争いが起きるようになっていく。

たとえば1339年に始まった有名な「百年戦争」は、イギリス王のエドワード3世がフランス王位の継承権を主張して、フィリップ6世との間で戦闘が起こったのがそもそもの始まりだ。

両者の間にはもともと争いの火種がくすぶっていたのだが、長らく調停役を担っていたローマ教皇の力が低下したことでそれが一気に表面化し、長期化したといえる。

百年戦争は、序盤こそイギリス軍が優位に進めていたものの、追い詰められたフランス国王シャルル7世のもとに「神の声を聞いた」というジャンヌ＝ダルクが現れると戦況は一変した。フランス軍はイギリス軍を一掃し、1453年に百年戦争は終結を迎えたのである。

キリスト教の下でつながっていた各地域は、領土という新しい枠組みで区切られた国家としての存在を強めていき、より近代的な目的をもって国同士が争うようになっていった。

教皇の力が衰えるとともに、宗教的価値観と世俗的な価値観が拮抗、もしくは逆転する現象が起きるようになると、国と国との争いは徐々に、宗教対立ではなく領土拡大などの現実的な目的のために行われるようになっていく。

それが如実に表れたのがイタリア戦争なのである。

フランス軍とイギリス軍が激突したアジャンクールの戦いの様子

イタリア半島の分裂と停滞

ローマ帝国以降は長い分裂状態へ

地中海の覇者となったローマ帝国が消滅したのち、イタリア半島にはなかなか統一的な枠組みができなくなっていた。小さな都市国家はできるものの、ゲルマン諸国やフランク王国、神聖ローマ帝国、イスラム勢力が代わる代わる支配して分裂する状態が近代に至るまで続くのである。

そもそも一大帝国に成長したローマ帝国も、最初は小さな都市国家から始まっている。貴族、政治家、元老院など、高度な政治システムを備えたイタリア半島の都市国家は、小さくても成熟した国家形態をとっていた。つまり、伝統的にイタリア半島には、小さな都市国家が根づきやすい文化があったともいえる。

統一国家の成立が遅れたためか、文化芸術が花開くルネサンスの舞台としては多くの記述があるものの、政治の舞台として語られることは少ない。

16世紀には、イタリア半島全土がフランスとハプスブルク家との間の戦争の舞台となってしまう。半世紀以上続いたイタリア戦争の結果、イタリア半島は大きく3つに分断された。フィレンツェやヴェネツィアなどを含む北イタリアはオーストリア系ハプスブルク家、ナポリなどの南イタリアはスペイン系ハプスブルク家、中央のローマ周辺はローマ教皇庁の直轄となるのだ。

現在でも北イタリアと南イタリアには経済や食文化などで大きな違いがあるが、その原因のひとつはこのときの分裂にあるといえる。

（山川出版社『新版　世界各国史　15イタリア史』内の図をもとに作成）

イタリア戦争が中世と近代の境目となる

この戦争は、大きな歴史的意義を持っている。

ひとつは、宗教や民族を巡る争いではなく、領土をめぐる戦争であったことだ。もうひとつは、騎士を中心とした歩兵の一騎打ちという中世の戦争から、鉄砲や大砲を用いて集団戦を行う近代的な戦争となった点である。

宋代の中国で発明されたといわれる火薬が伝播し、中世ヨーロッパにおいて著しく進化し、その結果登場したのが火砲である。大砲などの火器には徐々に改良が加えられ、砲弾は石から鉛、鉄になり、砲身の形も用途に合わせてつくられるようになった。それとともに戦場で武器としての役割も担うようになる。

さらに、小型化することで、兵士が持ち運べる兵器が登場する。15世紀に起きたフス戦争の際に、フス派の兵士たちが戦場で用いたという記録もあるが、戦場で本格的な使用が始まったのはイタリア戦争である。

１５０３年に起きたチェリニョーラの戦いでは、スペイン軍がフランス軍を撃破した際に、小銃がその勝利に大きく貢献したとされている。

騎士の没落と国王の強権化

火器の発達は、単なる武器の進歩にとどまらず、社会構造を大きく変えるきっかけになった。中世ヨーロッパの戦場で存在感を示していた騎士たちが没落したのである。

イタリア戦争では、戦場で小銃を持った傭兵たちが進撃し、大砲がその進軍を援護するというスタイルが定着した。馬と槍で戦う騎士ではそれに太刀打ちできず、役割を終えたのだ。

戦争の勝敗が武器の数や性能で決まるということが、騎士階級の没落や傭兵の価値を高め、近代的な軍隊のスタイルへと近づいていく端緒となる。

また、騎士は戦士であると同時に、土地を所有する領主でもあった。彼らの没落は中世ヨーロッパの社会構造であった封建社会の終焉を意味する。そして、国王という権威の下に軍隊が組織されるという絶対王政へと移行していくことになったのである。

なお、イタリア戦争は長期化によってどちらの陣営も疲弊し、条約の締結をもって終結した。この戦争で戦ったフランスとハプスブルク家の対立軸は、その後のヨーロッパ情勢にもそのまま反映され、２世紀にわたって外交上の火花を散らしていくことになったのである。

東ヨーロッパで起こったビザンツ帝国の戦いと滅亡

常に異民族の襲来にさらされる

西ローマ帝国の崩壊後、その跡地である西ヨーロッパの動きはこれまで見てきた通りだ。では、もうひとつのローマ帝国後継国である東ローマ帝国の動きはどうなっていたのだろうか。

のちの歴史化によって、7世紀以降の東ローマ帝国はビザンツ帝国と呼ばれるようになった。

ヨーロッパの東端に位置するビザンツ帝国の歴史は、侵略してくる異民族との戦いの歴史でもあった。

まず、7世紀までにササン朝ペルシアが当時ビザンツ領だったエルサレムを侵略する。ペルシアとの間の抗争が一段落すると、次に襲来したのがイスラム勢力だった。これにより、エジプトをイスラムに奪われてしまう。豊かな穀倉地帯だったエジプトを失うことは、ビザンツ帝国にとってはかなりの痛手となった。

11世紀にはセルジューク朝トルコの侵略を受ける。現在のトルコにあたるアナトリアの領土を大幅に失い、トルコ人たちがそこに移住してきた。さらには領地だった南イタリアもノルマン人（北方系ゲルマン人）に奪われてしまう。

第４回十字軍がコンスタンティノープルを攻撃する様子

同胞のはずの十字軍に攻撃された首都

ビザンツ帝国をおびやかしたのは異民族だけではない。西ローマの後継を称する、つまり同胞であるはずの神聖ローマ帝国が組織した十字軍が、あろうことかビザンツ帝国の首都コンスタンティノープルに進軍してきたこともあるのだ。

計7回の十字軍のうち、もっとも悪名高い第4回十字軍は、ヴェネツィア商人の思惑によって編成された。ヴェネツィア商人たちが、東西貿易の中心として栄えていたコンスタンティノープルを手に入れようとしたのだ。

コンスタンティノープルを占拠した軍勢は、周辺都市も占拠してそこにラテン帝国を建てる。周辺に逃れたビザンツ帝国の遺臣によって1261年に倒されるまでその支配は続いた。

もはや聖戦でも聖地奪還でもない十字軍はその大義名分すら失い、コンスタンティノープルから聖遺物などを持ち去ったことも併せて、その悪評は名高いものとなっていく。

14世紀に入ると、オスマン帝国が急激に勢力を広げてバルカン半島や地中海に進出し始める。その結果、国土はさらに縮小し、首都であるコンスタンティノープルもおびやかされるようになる。

そして1453年、オスマン帝国軍によってコンスタンティノープルが陥落し、ついにビザンツ帝国は滅ぼされてしまったのである。

スラヴ人国家がひしめく地域へ

ビザンツ帝国の周辺や領内には、古くからスラヴ人国家がいくつも存在した。

そもそも６世紀頃からバルカン半島や現在のロシアの草原地帯に居住してきたスラヴ人は、ビザンツ帝国にとっては警戒を怠ってはならない存在だった。実際に５７９年から５８０年にかけてビザンツ帝国領内に進攻しているし、現在のギリシャ一帯を占拠したこともある。

征服したコンスタンティノープルに入城するイスラム勢力

スラヴ人たちがつくったのは、現在の東ヨーロッパからロシアにかけての国家だ。

ビザンツ帝国の北部に暮らしていたスラヴ人たちは、14世紀頃までにブルガール人やルーマニア人とも同化しながらブルガリア王国、モラヴィア王国、ノヴゴロド国、ポーランド王国などの国家を建て、現在のスラヴ諸国の原型を形成した。

スウェーデン系ノルマン人ルーシ族と東スラヴ人が同化して建国したノヴゴロド国は、後から建てたキエフ公国に併合され、ロシア、ウクライナ、ベラルーシの礎《いしずえ》となった。

現在でも、ロシアがウクライナを「同じ国、ひとつの国」として考えるのは、ここに原点があるといえる。キエフ公国はその領地のほとんどが現在のウクライナとかぶっているため、ロシアにいるスラヴ人にとっては祖先たちの故郷でありルーツなのだ。

また、ビザンツ帝国が滅びた後は、ビザンツ皇帝の姪を妻にしていたイヴァン3世がツァーリを名乗ってギリシア正教会の擁護者となり、モスクワにあるロシア正教会がギリシア正教の正統を受け継いでいる。

バルカン半島にも多くのスラヴ人国家が形成され、西ヨーロッパや東の遊牧民族などと密接にかかわりながら、独自の文化を継承していく。

のちにヨーロッパの火薬庫と呼ばれるほどに政情が不安定になったバルカン半島だが、もともとはスラヴ人が多く住む土地だったところに、ヨーロッパ各国やロシアの利害が絡んで一触即発の状況になっていったのだった。

ビザンツ帝国の滅亡が大航海時代の布石になる

ビザンツ帝国の滅亡は、西ヨーロッパ諸国にとっても大きな意味を持つものだった。ビザンツ帝国は、アジアとヨーロッパを結ぶ要衝の役目を果たしており、東西貿易の中間地点だった。それがイスラム勢力の手に渡ったことで、アジアへの交易ルートが絶たれてしまったのだ。

このことで、西ヨーロッパの目線は東ではなく西に向かうこととなった。つまり、大西洋を越えて新大陸に向かう大航海時代への布石となったのである。

ドイツの内紛がヨーロッパ最大の宗教戦争に発展する

神聖ローマ皇帝の足元が揺らぐ

中世ヨーロッパの社会の構造を見てみると、領地を持つ大小さまざまな領主が一定の独立性を保つ存在だった。

とくに神聖ローマ帝国領の中心地だったドイツは諸侯の支配地の力が強く、それぞれが独立国家といってもそれではないほどだった。

十字軍の失敗やカノッサの屈辱などを経て、教皇の権威が低下して王の力が増すにつれ、ドイツ諸侯の力もさらに大きくなっていくという現象が起きた。

領内には300にものぼるといわれた「ラント」と呼ばれる独立政権が生まれ、裁判権や貨幣の発行も行っていた。実質的には独立国家となったラントは神聖ローマ皇帝の支配も及ばない存在となり、ドイツはイギリスやフランスとは異なる国家としての歩みを進めることになった。つまり、ドイツは名目上、神聖ローマ帝国として統一されていたように見えても、実体は大小さまざまな独立国家であるラントの集合体にすぎなかったのだ。

ドイツの内戦が国際的な宗教戦争になる

ラントは16世紀の宗教改革の際も新旧両派に分かれて戦争状態となり、その争いがヨーロッパ最大の宗教戦争といわれる「三十年戦争」を引き起こすことになる。

三十年戦争といっても、ひとつの戦争が30年続いたわけではない。30年の間にヨーロッパの各地で繰り広げられたいくつもの争いをまとめた呼称だ。

端緒は神聖ローマ帝国の内戦だった。当時領内にあったプロテスタント勢力が反乱を起こしたため、カトリック勢力はこれを殲滅した。

それを見ていた新しいプロテスタント国家デンマークは、プロテスタントの人々を助けようと派兵する。しかし目的は果たせなかった。

そこで次にプロテスタント国家スウェーデンが参戦する。神聖ローマが自分たちの国にまで北上してくるのが嫌だったというのもある。これは一時的にではあるが和解にこぎつけた。

すると今度はフランスが介入してくる。フランスはカトリックの国なのでカトリック勢を応援するかと思いきや、プロテスタント側と手を組んで、カトリックの人々を弾圧した。和解の内容がフランスにとって都合が悪かったのと、カトリック側のハプスブルク家が所有していた領土が欲しかったためだ。

こうなると、なんのための戦争なのかわからなくなってくる。最初は宗教戦争だったのが、国同士の領土争いの要素も加わってきた。

そこに、スペインやイングランドの支援、神聖ローマ領内の各諸侯の独立の動き、ハプスブルク家とフランス（ブルボン家）の対立、スウェーデン・デンマーク戦争、オランダ独立戦争、さらにはオスマン帝国まで絡んできて、国際的な戦争に発展する。

三十年戦争のためにドイツ地方の国土の3分の2が荒廃し、人口は4分の3に減ったとされる。

宗教戦争には終わりがない

宗教戦争には果てがない。戦いの目的が「自分が正しいことを証明する」ことなので、妥協ができないのだ。妥協は悪を認めることであり神に背くことであるため、完全無欠の勝利を手にしなければならない。自分とは異なる神を信じる異教徒は、形こそ人間だが、人権を認める必要のない生き物なので、火刑や四つ裂きの刑にしても構わない。むしろ殺さなければならない。

そのような考えを持つ人々が戦争を始めてしまうと、どちらかが皆殺しになるまで終わらないのだ。

そこに領土争いが加わることで、三十年戦争は血で血を洗う地獄の様相を呈した。三十年戦争が「ヨーロッパ最大にして最後の宗教戦争」といわれるのは、このような経緯があるためだ。

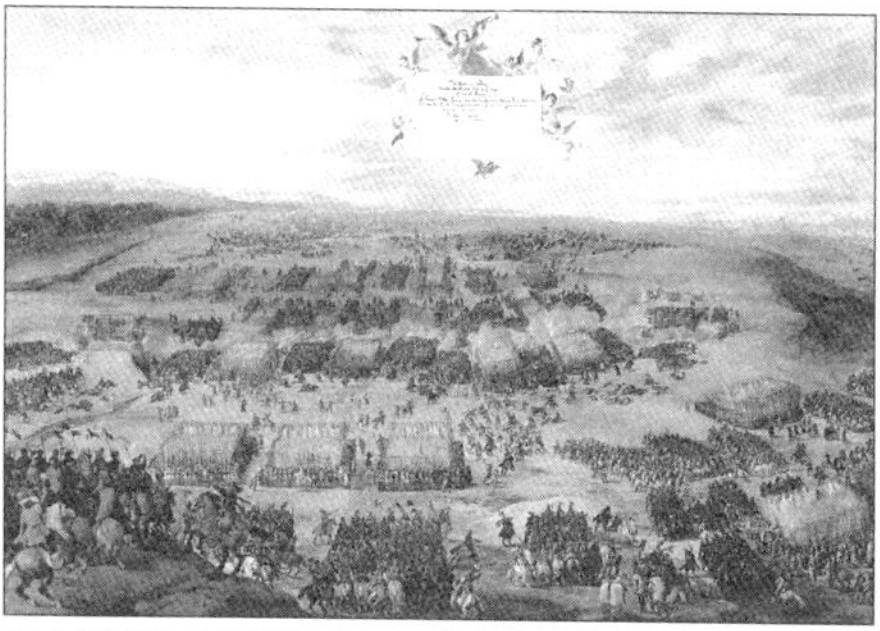

三十年戦争の初期に起こった白山の戦い（スネイエルス画）

戦争の終わりと新しい枠組み

長々と続く戦争によって疲弊した国々は、現ドイツのウエストファリアという地に集まり、会議をした。そこで次のような提案がなされた。

・新教の信仰の自由と政教分離
・神聖ローマ帝国内の諸侯の独立および主権国家間の対等
・（神聖ローマ帝国の統治下にあった）オランダとスイスの独立
・フランスとスウェーデンの領土獲得

各国はこれにおおむね同意し、１６４８年に三十年戦争は集結した。

ここでいう「主権国家」は、平たくいうと、他国からの介入を受けず、領土内でのある程度の信教の自由があり、国家の上に教皇や皇帝がいない国である。これによって神聖ローマ帝国は崩壊への道をたどり始める。

しかしここで新しい国家の枠組みが出来上がったことで、ヨーロッパは新しい時代に向かって歩み始めることになるのだ。

3章

暗黒の夜明け

農耕技術の進歩

新しい技術が農地を変える

11世紀までの西ヨーロッパは、城と教会がある以外はほとんどが農地であり、農業によって経済が成り立っている世界だった。

人口の約9割が領主の荘園で働く農民であり、その農民たちが納める年貢が残り1割の貴族たちの生活を支え、その代わりに外敵から自分たちの生活を守ってもらうことで社会は成り立っていた。

それが、11世紀になると農業改革が起こった。

なかでも、三圃《さんぽ》式農法と呼ばれる農地の使い方が広がったことは、時代の大きな転換へとつながる画期的なものだった。9世紀頃からヨーロッパの一部で行われていたこの方法は、12世紀以降にヨーロッパの広い地域に広がっていった。そのことがヨーロッパ社会を大きく変えたのである。

三圃式農法とは、耕作地を冬作、夏作、休閑（放牧地）に分けて、それを1年ごとに繰り返して使うという方法である。これにより土地がやせることを防ぎ、収穫量が飛躍的に増え、それに伴って人口も増大した。

農村社会で人口が増大すると、それが都市部へも流入し、中世の都市社会の発展へとつながっていくことにもなる。

重量有輪犂

鉄器の普及で農業の効率が上がる

もうひとつ、農業に大きな変革をもたらしたのは鉄の生産の広がりである。

11世紀初頭頃からフランスやラインラント地方で鉄の生産が盛んに行われるようになり、農村社会に鍛冶屋が作った鉄製の農具が入り込むようになった。それが12世紀になると、さらにヨーロッパ全域に広がって農機具に使われるようになったのだ。とくに鉄を使った「重量有輪犂《ゆうりんすき》」の出現は農業に大変革をもたらした。それを用いて牛馬に引かせて土を掘り起こして畑を耕したり、通気や水はけをよくしたりすることは、農作業の効率アップに一大改革を引き起こし、生産量の飛躍的増大につながったのである。

風の力で収穫高が飛躍的に増える

そして、もうひとつの一大発明が風車である。

11世紀になると、動力としての水車が大いに活用されるようになり、農作業の効率は飛躍的に向上した。そして12世紀になって出現した風車は、農作業を根本的に変えていく。

それまでは、あくまでも人間の力かまたは家畜の力によって営まれていた農作業が風車で行われるようになり、収穫高は3倍から4倍、なかには10倍にまで膨《ふく》れ上がったと考える学説もある。

また、ブドウなどの、いわゆる商品作物の栽培が増え、商品としての農産物が増えたことも社会経済の豊かさにつながった。

農業におけるこれらの変革により共同作業が当たり前になると、それまでは数軒ごとに点在していた農家は、ひとところに集まって暮らすようになった。人々が密集して暮らすようになり、農地や森林が増えると、それを守るための防護壁や柵がつくられるようになり、それは村落共同体へと発展していく。

そこにやがて教会や役所、墓地などがつくられ、そして、その共同体を治める領主が現れて城ができ、そのまま都市へと発展することも多かった。そして、さらに農業の生産性を上げることにつながる。

スペインのラ・マンチャ地方に現在も並び立つ風車。小説『ドン・キホーテ』の舞台でもある
(@Lourdes Cardenal/CC BY-SA 3.0)

大開墾時代を支えた修道院

こうした農業の改革の結果、11世紀後半から13世紀前半にかけては大開墾時代といわれる時代となった。

フランスのシトー修道院による開墾の様子

切り開かれた森林や原野、埋め立てられた低湿地が新たな耕作地へと変わり、農業生産量の増大へとつながったのである。

このような開拓の動きの原動力となったのは修道院だった。そのころキリスト教社会においては、教会と並んで修道院が大きな役割を果たすようになっていた。

教会とは同じ宗教を信じる人々が集まる集会所のような場所だが、それに対して修道院は修道士や修道女が規律に従って共同生活をする場所である。基本的に自給自足の生活を営み、畑や牧場を備えていることが多い。その修道院の力が新たな耕作地を増やしていったのである。

とくに、6世紀にベネティクトゥスという人物がイタリアに開いたベネティクトゥス修道会は長年にわたって大きな力を持っており、「祈り、働け」という言葉を掲げて開墾事業にも大きな力を注いだ。こういった修道院はほかにもあり、大開墾時代を根底から支えていたのである。

農作物の増加が都市の発展につながる

市の開催から都市が生まれる

10～11世紀頃は、ヨーロッパの商業が繁栄し始める時期だった。農業技術が発達して生産性が増大すると、人口も急増し、それが新たな農業発展へとつながったのだ。その結果、各地に余剰生産物の交換を行う市が開かれるようになり、それが商業に活気を与えることになる。

最初の頃の市は不定期だったが、そのうち回数が増えて定期的に開かれるようになる。市の場所も増え、国王や諸侯の城館の近くや、教会・修道院の門前、あるいは交易路の途中にある要所でも開かれるようになり、それが人々の生活圏の拡大をもたらした。

当初は商品の等価交換における現物経済だったが、やがて貨幣経済も盛んになる。それにつれて、いわゆる商業地が形づくられるようになり、城塞や教会の領主が支配する中心地として数多く形成されていった。それら商業地は荘園内にいる手工業者を吸収し、やがて都市に発展していく。

こうしたヨーロッパ北西部を中心に11世紀から12世紀にかけて発展していった都市は、中世都市と呼ばれるようになる。

11世紀から12世紀にかけての都市および商業の発達を「商業ルネサンス」や「商業の復活」などと呼ぶこともある。

交易ネットワークの広がりで都市が発展する

商業基盤の拡大のために遠隔地との交流も盛んになった。

十字軍などの影響で遠方との交易路が開かれると、いわゆる遠隔地商業が盛んとなる。とくに大きな商業圏となったのは地中海地域や北海・バルト海地域である。この流れのなかで、現在でもよく知られる多くの都市が、新たな商業の重要拠点として活発に活動するようになる。

たとえば、イタリアのヴェネツィア、ジェノバ、ピサなどの海港都市は、東方（ビザンツやイスラム商人）との貿易により香辛料や絹織物などの輸入地として栄え、内陸のミラノやフィレンツェも毛織物業や金融業で繁栄するようになった。

フランスのシャンパーニュ地方で開催された市の様子

一方、北海・バルト海方面でも貿易が盛んに行われた。北ドイツのリューベックや、ハンブルク、フランドル地方のアントワープ・ブリュージュ、イングランドのロンドンなどが、木材・海産物・塩・毛皮・穀物・鉄・毛織物などの取引の重要拠点となった。

さらには、地中海商圏と北海・バルト海商圏を結ぶ内陸部にも都市が発達した。その代表的なものがフランスのシャンパーニュ地方である。シャンパーニュ地方では定期的な市が開かれ、さまざまな商品の取引に大きな役割を果たした。

異民族への警戒が生んだ城塞都市

壁に囲まれた城塞都市

中世ヨーロッパでは、周囲を壁で囲まれた城塞《じょうさい》都市が独特の進化を遂げている。城塞都市そのものは紀元前から存在していたが、「中世は城砦の時代である」「中世の政治は城砦の政治である」という言い方をすることもあり、まさに中世という時代そのものを象徴していたのである。

城塞都市の中央には主塔があり、街のまわりを壁や堀によって囲まれているのが特徴だ。主塔には城主の居住区があるほか、舞踏会のための大広間や牢獄もつくられ、また大量の食糧の備蓄倉庫としての役目も負っていた。

多くの場合、その近くには市庁舎と教会がつくられていて、まさに都市の中心部となっており、そのまわりに店舗や住宅が並ぶという形が一般的な城塞都市である。

都市の内部は、いわば閉じられた社会であったために、その中だけでの自治が重んじられ、結果的にそこで生きる市民は自立志向が強くなった。それは、西洋社会における市民意識の形成にもつながっている。

また農業の発展で生産物が増えると、城塞都市での商業活動も盛んになり、ほかの城塞都市との商業上の交流も行われた。

城壁に囲まれたドイツの都市ネルトリンゲン。マンガ『進撃の巨人』の舞台のモデルという説もある（©Wolkenkratzer/CC BY-SA 4.0）

外敵からの侵入に対する防衛

自治を重んじて商業を盛んに行うこと以外の城塞都市のもうひとつの目的は、外敵の侵入に対する防衛だった。

当時は、ヨーロッパの広い地域でノルマン人（北方系ゲルマン人）の侵入が常に警戒されており、外部からの攻撃に対する備えもまた、城塞都市の重要な課題だった。

こういった城塞都市はヨーロッパ全土にわたっ

て無数につくられた。たとえば、ドイツ語圏（ドイツ、オーストリア、スイスの一部）だけでも大小1万もの城塞都市が築かれていた。また、西フランク（フランス）も多くの城塞都市が築かれたことで知られる。

ちなみに、それほど力のあるわけではない下級貴族でも小規模な城塞都市を築いて城主となることが多かった。まさに中世ヨーロッパの社会形成の重要な基盤であり、重要な基本要素のひとつだったのである。

こういった城塞都市は9世紀末頃から本格的につくられるようになり、12世紀から13世紀にかけての時期に最盛期を迎えた。

また、最初の時期はほとんどが土造や木造が多かったが、11世紀頃から石造りが増えていき、やがて主流となっていく。

多種多様な形態の城塞都市

こうして多数の城塞都市が築かれるようになると、その目的や特徴に応じてさまざまな場所や形態が選ばれた。

平地に築かれた平城、山間部に築かれた山城、川や湖の近くに築かれた水城などのほか、住民を洞窟の中に住まわせて外敵から守る洞窟城、同じように外敵からの侵入がしにくい渓谷につくられた渓谷城もあった。自然が豊かで、さまざまな環境が存在するヨーロッパだけに、その形態の多種多様さには目を見張るものがある。

スロベニアの洞窟城・プレジャマ城。城の裏に鍾乳洞があり、秘密の通路がある。ジャッキー・チェンの映画の撮影もされた（@Sheeba Samuel/CC BY-SA 4.0）

また、都市の形そのものも環状都市であったり、あるいは塔城砦であったり、円形、正方形、多角形、卵型などさまざまだった。いかにして安寧な暮らしを営むことができるかが城塞都市の最大の課題であり、それを実現するための創意工夫が求められたのである。

このような都市は、中世の末期に火薬が発明され、大砲など空中を飛来する武器がつくられ、城塞都市が存在する意味が失われるまで続いていくことになる。

人口増加によるヨーロッパ世界の広がり

農業の変革がもたらした人口増大

ヨーロッパにおいて中世は人口の急増期にあたる。

紀元前後のヨーロッパの人口は約3000万人だったと考えられているが、当時はまだ衛生環境が悪く、何度も疫病の流行が繰り返されていた。

さらに、5世紀になるとゲルマン人の侵略などにより西ローマ帝国が滅亡したあとは急速に勢力を失い、ほとんどが森林か農村地帯だったヨーロッパで人口が増えることはなかった。

そのころはイスラム社会が世界の中心で、アラブ人たちが築いた大きな都市が繁栄を誇っていて、それに比べればヨーロッパ社会は辺境の地だったのである。

とくに6世紀頃までは他民族がしばしば侵入してきて、多くの人命が失われた。西暦600年頃にはヨーロッパの人口は約2000万人弱まで減少したといわれる。

しかし、10世紀頃からは人口が増加に転じる。

背景にあったのは、農業技術の進歩や森林の開拓事業の伸展による経済力の上昇だ。三圃式農法や重量有輪犂などの技術革新がヨーロッパ全土に広がって定着すると、農作物の収穫量が増大して人々の生活力が安定したのだ。

その結果、人口が増え、増えていく人口を支えるために、さらなる収穫量の増大が必要になり、新しい土地を求める動きが活発になった。

その代表的なものが「東方植民」と「レコンキスタ」である。この二つの動きを通じて、中世のヨーロッパはその範囲を一気に広げることになる。

ドイツ人による「東方植民」の開始

12世紀から14世紀にかけて、ドイツ人はエルベ川およびザーレ川を越えて、東方にあるスラヴ人の居住地域へと進出して次々と植民地化した。これを「東方植民」という。

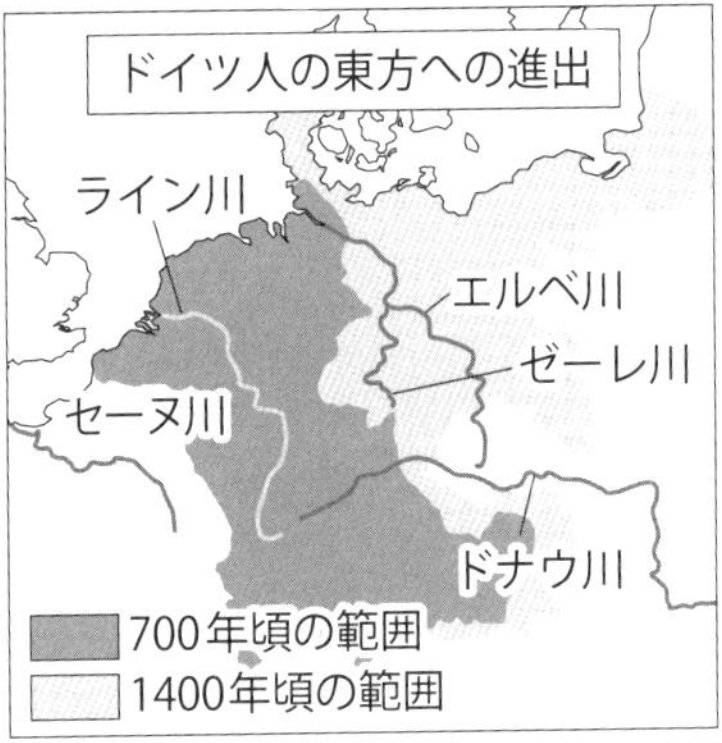

「The development of the German linguistic area」(@Postmann Michael/CC BY-SA 3.0) をもとに作成

その進出の過程で、のちに歴史を動かすほどの力を持つことになるブランデンブルク辺境伯、マイセン辺境伯などの有力なドイツ諸侯が登場している。

一方、バルト海沿岸では、宗教騎士団の一つであるドイツ騎士団が植民活動を行っていた。

ドイツ騎士団は十字軍運動のなかから生まれたもので、ローマ・カトリック教会が公認した騎士修道会である。

彼らはもともとそこに住んでいた住民をキリスト教に改宗させて、広い範囲にわたってドイツ騎士団国家をつくり上げた。これによってエルベ川とザーレ川の以東地域は大いに発展することになった。

北海・バルト海周辺にはハンザ同盟が結成され、東方植民で建設されたリューベックやダンツィヒも重要な役割を果たすようになったのである。

スペインにおけるレコンキスタの動き

一方、イベリア半島では、いわゆる国土回復運動（レコンキスタ）が行われた。ヨーロッパの人口が増大したために新たな居住地が必要になるなか、イベリア半島に住んでいたイスラム教徒たちを追い出して、そこをキリスト教勢力の土地として活用しようとする運動である。

レコンキスタはスペイン語で「再征服」の意味がある。8世紀初頭から1492年のグラナダ開城までの約800年間、イベリア半島で北のキリスト教スペインと南のイスラム教スペインとの間で対立抗争が繰り返されたのである。

こうして、農業による豊かな生産性を背景にした人口増大によって必要に迫られたヨーロッパ社会は、周辺に勢力を伸ばして耕作地を手に入れながら、キリスト教化によってヨーロッパ社会の範囲を急速に拡大していった。

人口1万人以下の都市がひしめく

国別の人口を見てみると、国ごとに特色があるのがわかる。

たとえば、中世のドイツで最大の都市だったケルンは、10世紀には約1万人だったが、14世紀半ばになると市壁の内部には約3万人が住んでいた。

人口が増大したといっても、人口1万人以上の都市は20都市もないほどで、多くは市壁の中に数百人から数千人が暮らす集落であり、人口500人以下の小さな集落も多かった。近年における大都市というには、まだほど遠かったのである。

これはどの国においても同様だった。イギリスでは11世紀末におけるロンドンは人口約1万人の都市であり、ウィンチェスターとヨークが約8000人という記録がある。ただしロンドンはこの後に飛躍的な進歩を遂げて、14世紀初頭には8万人を抱える都市に発展している。

また、フランスでは14世紀にパリが人口8万人になり、リヨン、ボルドーといった都市が2万人都市になっている。

つまり、中世ヨーロッパにおいては、大都市といっても現在の感覚からすればかなり小規模なものだった。

しかも多くの都市は市壁で囲まれており、その中で生活は賄われていたので、階級を問わず一生、その中から外部に出ることなく人生を終える人も少なくなかった。中世の都市は、閉じられた世界だったのである。

ペスト後に人口1億人を超える

その後、14世紀に起こったペストの大流行により、全ヨーロッパの人口の約3分の1が失われたと考えられる。さらに百年戦争によって社会全体が荒廃して、人口は一時的に約5000万人前後にまで減少する。

ただし、これは一時的なものであり、その後は再び増加に転じて、17世紀の半ばには1億人を超えるまでになったと考えられている。

宗教芸術が花開く

キリスト教の教えを広めるための絵画

中世ヨーロッパではキリスト教の教えがすべての規範となり、人々の生活を完全に支配していた。支配というと窮屈な印象があるが、厳しい規律の中で凝縮されたエネルギーは、ときに思いがけない収穫を生み出すことがある。中世ヨーロッパで生まれた宗教芸術もそのひとつといえる。

中世はキリスト教がまさに国際宗教へと発展していく時期であり、ユダヤ教の聖典は旧約聖書として人々の間に浸透していった。しかし当時はまだ読み書きができない人が多く、聖書の教えを広く説くためには文字に頼ることができなかった。そこで聖書の物語のワンシーンを絵画として表現した宗教美術が描かれることで発展していく。

それは建築においても同じだった。キリスト教にとって重要な建築物である聖堂内にも聖書の内容や使徒たちの姿が描かれ、宗教美術の発展をもたらす一助となる。

ロマネスク美術を代表する建築・ピサ大聖堂とフレスコ画「栄光のキリスト」（左：@José Luiz/CC BY-SA 3.0）

ビザンティン風のロマネスク美術

宗教芸術は、時代によって表現方法に特徴がある。まず、11世紀から13世紀にはロマネスク美術と呼ばれる形態が盛んになる。ロマネスクとは、ローマ風という意味だ。

絵画としては、ビザンティンの影響の宗教画が主流で、フレスコという壁の漆喰が乾く前に着色する技術が広がった。ビザンティン風の平面的な表現から発展して、古代のリアルな肉体表現や奥行き感の表現が出てきたのも特徴的だ。

また聖書や祈祷書など、飾り文字で描く彩飾写本が多く残されたのもこの頃である。

１０９６年からの約２００年間には、聖地エルサレムをイスラム勢力から奪還するために十字軍が派遣される。ロマネスク美術が盛んな時代は、十字軍の時期とほぼ重なっており、とくに建築はそれが顕著だ。

十字軍遠征によって多くの聖遺物（キリストや聖母、聖人の遺骸やゆかりの品）がヨーロッパへ運ばれ、それを治める聖堂建築が盛んになったのである。

教会や修道院は木造から石造りとなり、天井を支えるため分厚い壁に小さい窓、半円のアーチが特徴となっている。

社会不安から生まれたゴシック様式

さらに時代が進んで中世ヨーロッパの政治や経済が安定し、世の中が落ち着いてくると、ゴシック芸術という様式が現れる。これは、とくに教会建築において顕著に見られる特徴である。

都市が発達するにしたがい人口が集中すると、そこには巡礼によって多くの人々が訪れるようになる。巡礼の道には礼拝堂や宿泊所を兼ねた修道院がつくられ、そこが交通の要所となり、都市の形成に貢献するのである。そして修道院には、多くの人を

左：フランスのランス大聖堂（©bodoklecksel/CC BY-SA 3.0）
右：イギリスのエクセター大聖堂（©Edward Swift/CC BY-SA 4.0）

収容できる巨大な大聖堂がつくられることが増えた。

とくに14世紀半ばには、百年戦争やペストの大流行によって大きな社会不安が引き起こされ、人々の心のよりどころとしての聖堂の存在はいっそう重要になった。そこで、より美しく堂々とした教会建築が求められたのである。

それらはたとえば飛梁《とびばり》、大きな窓にステンドグラス、尖頭アーチなどが特徴で、さらに建物全体に聖人や怪物などの不思議な彫刻で飾られることも多い。

ルターたちによる宗教改革の始まり

教皇の権威を揺るがした数々の出来事

長期間にわたって中世ヨーロッパを支配していたのはキリスト教的価値観だった。神は絶対的存在であり、人間は楽園を追われた罪深い存在だった。そのため、救済されて天国へ行くためには、贖罪《しょくざい》をしなければならなかった。そして、それを人々に教え導くのが教会であり、聖職者たちだった。

つまり、キリスト教的世界観で現実社会を統率していたのがローマ教会で、そのなかで絶対的な権威だったのがローマ教皇を頂点とする聖職者たちだ。皇帝や国王と並び立ち、ときには凌駕する権力を持ったローマ教皇は、間違いなく中世ヨーロッパの覇者だったのである。

その権威を大きく揺らがせたのが、12～13世紀に行われた十字軍の失敗だ。聖地回復の名のもとにイスラム世界を侵略しようとした十字軍遠征だったが、実際には金品を強奪し、人々を虐殺し、挙句の果てには敗走するという有様で、惨憺たる結末を迎えた。長年続いていた教皇とローマ皇帝の権力闘争や、聖職者の汚職などによる教会内部の腐敗もあり、ローマ教会の権威は非常にもろくなっていた。

加えて、異常気象と疫病が社会を混乱させた。13世紀頃からの小氷河期には寒冷化が始まり、大飢饉、大雨、ペストの大流行、そして家畜を襲ったパンデミックと不運が続いた。

どんなに善行を積み、祈りをささげても神は人々を救ってはくれないのかという人々の不信感はピークに達していたのだった。

「九十五ヵ条の論題」を貼り出すルター

神学者ルターが説いた福音主義

そこに現れたのが、ドイツの神学者マルティン・ルターである。ドイツ中部にあるザクセン地方のヴィッテンベルク大学神学教授だったルターは、1517年に「九十五ヵ条の論題」を公表した。

ルターは、従来の「魂の救いは善行による」という教会の教えを疑問視し、当時、教会が発行していた贖宥状についても批判した。贖宥状とは、巡礼、断食、祈りなどの、人間がその罪を贖うために行うことを免除するという証明書で、ローマ教皇レオ10世がサン＝ピエトロ大聖堂の建築費用を集めるために発行させたものだった。

ルターは、贖宥状を販売することも購入することも問題であるとして非難した。そして、魂の救済は、キリストの福音への信仰によってのみ得られる（福音主義）として、教皇の権威を否定し、聖書を信仰の拠り所とするべしと唱えたのだった。

ローマ教会に対する不信感や不満が大きくなっていたヨーロッパ社会で、ルターの説は急速に広がった。教会はこの状況に危機感を抱き、彼を破門しただけでなく異端の烙印を押したのである。

プロテスタントの誕生

しかし、教会を否定し、聖書を信仰するという流れは止められなかった。教皇をはじめとする権威が否定されればされるほど、ルターの説は人々に支持されていく。ルターが当時のヨーロッパで普及し始めていた活版印刷を使って新約聖書をドイツ語訳して発行すると、発売当初で8万6000部を売り上げる大ベストセラーとなった。これによって、ルターの説はますます勢いを増し、支持者たちはプロテスタント（抗議者）と呼ばれるようになった。

ルターの唱えた説は、宗教的な論争だけではなく武力抗争をも引き起こす。とくにドイツではルター支持者が多く、没落騎士や農民などが団結してカトリック教会に対して反旗を翻したのだ。

この対立は、1555年のアウクスブルクの宗教和議によって、ルター派が容認されることで決着する。この決定によって、諸侯たちはカトリックかルター派かを選ぶことができるようになった。一時は異端とされたルターの説が、キリスト教を二分する宗派となったのである。

贖宥状を燃やすルター（メリアン画）

領民たちの信仰の自由が実現

宗教改革の結果、ヨーロッパのキリスト教は、従来のカトリック教会とプロテスタントに二分された。

ルターの支持者にドイツの諸侯が多かったのは、ドイツがカトリック教会に搾取されているという現実があったからだ。当時のドイツは「ローマの牝牛」と呼ばれ、教会が発行した贖宥状販売がもっとも盛んに行われていた場所だった。その状況を批判したルターの主張は、ローマ教会に反発を覚えていたドイツ諸侯たちの間に広がり、いつしか農民の間にも支持が広がっていったのだ。

アウクスブルクの宗教和議によってプロテスタントが正式に公認されたことで、諸侯たちはカトリックかプロテスタントかのどちらかを選ぶ権利を手に入れた。

領主が選んだ宗派がその領地の宗派となるという原則があり、領民一人一人に選択の自由が与えられたわけではなかったが、領民が領主と異なる宗派を信仰する場合は領地を移動できる移住権が行使できたので、実質的には一定の信仰の自由を手に入れたことになる。また、一部の地域では同一地域に二つの宗派の共存が認められた。

スイスのカルヴァンが唱えた予定説

この流れは他国にも波及し、キリスト教は各国で転換期を迎えることになった。

たとえばスイスでは、司祭ツヴィングリによって徹底した福音主義が主張され、聖像や聖画、ミサなどの廃止、修道院の閉鎖などが実行された。さらに、カトリック教会との戦争の結果、スイス各地の諸侯たちはカトリックかプロテスタントを選択する権利を互いに認めることになった。

ツヴィングリについで宗教指導者となったカルヴァンはより徹底した聖書主義を唱え、神による救済はあらかじめ定められているという予定説を唱えた。そして、現世の天職を務めることで神への信仰心を示すことができるという主張は、蓄財や営利活動を肯定することとなり、商工業者たちに広く支持されていった。

このことが、のちの資本主義の形成に大きな影響を与えたのである。

錬金術により進歩した科学

すべては超自然的な力が原因？

中世ヨーロッパでは、近代のような科学の考え方にはまだほど遠かった。価値観はあくまでもキリスト教的世界に支配されており、超自然的な力が世界を支配していると考えられていたのだ。

たとえば14世紀前半に大流行して多くの人命を奪ったペストについても、当時の人々は超自然的な力が原因だと考えていた。占星術の中にその原因を求めた人々は、その年の3月に水瓶座に土星、火星、木星が集まったことがペストの大流行を引き起こしたのだと信じた。

あるいは、雷が落ちてきて人間に被害をもたらすのは神の怒りで、人が病気でもがき苦しむのは魔物がとりついているから、といった具合だ。原因がわからないもの、説明できない現象は、すべて人智の及ばない力のせいだと思い込んだのである。それが当時の人々の常識だった。そして、どうにかしてそれを取り除き、逃れるために祈ったり、供物を捧げることで対処しようとしたのである。

今から見れば非科学的に見える錬金術も、当時は立派な科学のひとつだった。イスラム世界からヨーロッパに錬金術が伝わったのは12世紀だが、それは中世ヨーロッパにおいては「新しい科学」として受け入れられた。

実在した錬金術師

ニコラス・フラメル

錬金術を操る者は錬金術師と呼ばれた。

錬金術師と聞いて多くの人が連想するのは、ニコラス・フラメルかもしれない。世界的な大ベストセラー『ハリー・ポッターと賢者の石』に登場するキャラクターだ。

フランスの魔法使いで伝説の錬金術師、「賢者の石」の製造に唯一成功した人物で、ホグワーツ魔法魔術学校の校長であるダンブルドアと親しい人物として描かれているが、実は、ニコラス・フラメルは中世ヨーロッパに実在した人物だ。現実の彼も優れた錬金術師として知られ、賢者の石の製造に成功したという伝説が残っている。

「賢者の石」のために発展した実験器具

錬金術師たちは、卑金属を貴金属に変える触媒である「賢者の石」を作り出そうとあらゆる方法を試した。その過程で、現代社会にもつながるさまざまな道具や技術が生まれ、学問として発展していったのである。

たとえば、ふたつ以上の異なる物質を混ぜ合わせて金を生成しようとして著しく発展したのが蒸留技術である。

蒸留技術はもともと香水や香油などの生成のために古代から利用されていたもので、簡単にいえば、物質によって沸点が異なることを利用して純粋な物質を抽出する技術だ。それが、錬金術の実験のためにも使用されたのである。

金を生み出すための試行錯誤のなかで、物質から物質を取り出すことができる手法として注目されて、怪しげな魔術的実験が行われることで飛躍的に発展したのだ。

それらの実験は、同時に金工、陶工、ガラス工といった新しい技術が生まれるきっかけともなり、アルコールランプやフラスコ、冷却器など、蒸留に使う道具もどんどん進歩した。そして、その技術がウイスキーやブランデーなどの蒸留酒の製造につながっている。

パラケルススの科学への貢献

パラケルスス

錬金術を科学にまで発展させる過程で欠かせない存在が、16世紀に活躍したパラケルススだ。
パラケルススは、人造人間ホムンクルスを創り出そうとした人物でもある（50ページ参照）。
ある意味で神に背く行為をしようとしたことで、理知的な学者というよりは異色の存在としてとらえられがちだが、ひとりの科学者としてみれば、彼が

中世に行われていた瀉血（血を抜く治療）の様子。当時は体内の有害物を血とともに体外に出せば健康になると考えられていた

残した功績は大きなものだった。

たとえば、薬学の面においての功績である。

彼は、医学に対して「すべての病気には必ず治療剤がある」という信念を持っていた。そして化学的な研究を繰り返して、多くの薬品を生み出した。

パラケルススはそれまでは薬草が主だった西洋の薬に鉛やヒ素、水銀などの化合物を加えて使用した。彼の使った薬は、現在でも皮膚病などの治療薬としてレシピが使われているほど先進的なものだった。

パラケルススの研究は先進的だったがゆえに当時の医学界で多くの敵をつくり、彼の死後、長く評価されることはなかった。しかし、パラケルススのやり方が間違っていなかったことは、近代科学の祖とされるニュートンやボイルなども錬金術の研究をしていたことからもわかるだろう。

当初の錬金術がめざした、卑金属から貴金属を生み出すという目論見は現実のものとはならなかった。しかしその代わり、多くの実験は、その後の人々に役立つ成果を生み出したのである。

さらに中世ヨーロッパでは、ギリシア人やアラブ人が考えた幾何や代数を始めとする数学的な考え方を自然科学に応用し、実験を重視することで実用的な科学を発達させた。その筆頭にあげられるのが、万有引力を発見したニュートンや、化学実験の基礎を確立したボイルなのである。

呪術のようなオカルト的要素がクローズアップされがちな錬金術だが、中世ヨーロッパで文字通り錬成されるなかで近代医学や科学の礎となっていったのである。

活版印刷による知識の広がり

情報伝達に革命を起こす

14世紀からのヨーロッパでは、各地でさまざまな分野で新しい動きが巻き起こった。ドイツで起きた宗教改革（180ページ参照）やイタリア・ブルゴーニュから始まったルネサンス運動（208ページ参照）などだ。

これらの新しい動きを支えたのが、活版印刷の技術だ。活版印刷は、グーテンベルクによって普及したといわれている。精巧な金属活字とプレス印刷機、印刷に堪えられる良質な紙とインクで大量印刷を可能にしたのが、中世ヨーロッパの活版印刷である。

印刷技術自体は、木版印刷が唐代の中国で生まれ、金属に文字を刻んで印刷する技術がローマ時代に登場していた。しかし、グーテンベルクが確立させた活版印刷は、大量の文字を自由に印刷することができ、情報伝達という点では革命的と呼べるほど

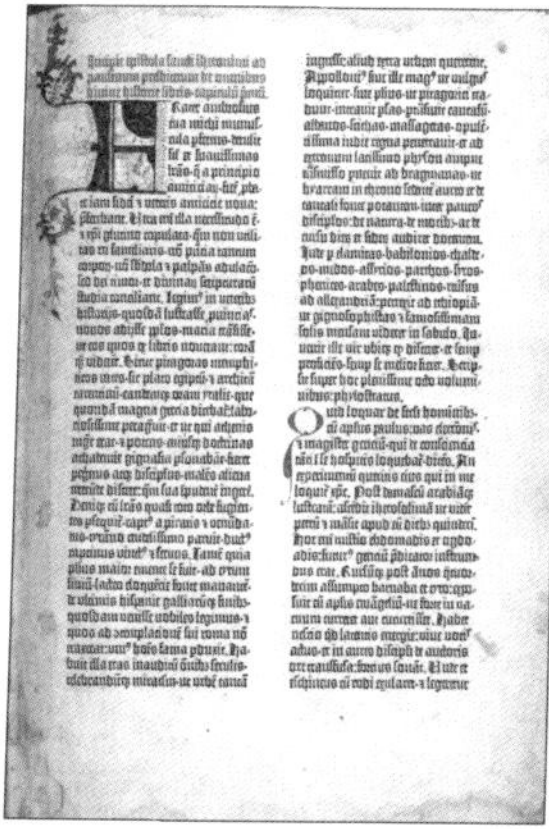 

左：活版印刷によるグーテンベルク聖書
右：極彩色の手書きの書物『ベリー公のいとも豪華なる時祷書』

の変化をもたらしたのだ。

最初の出版物は聖書だった

当時のヨーロッパでは本といえば写本するものであり、聖職者たちが聖書を書き写していた時代から13世紀頃には専門の職人たちによって分業制で行われるようになっていた。

美しい飾り文字があしらわれ、金銀を含む色とりどりの彩色や、挿絵も見事な写本は、それだけで芸術品としての価値がある。

それに対して、シンプルなアルファベットだけが印刷された活版印刷によ

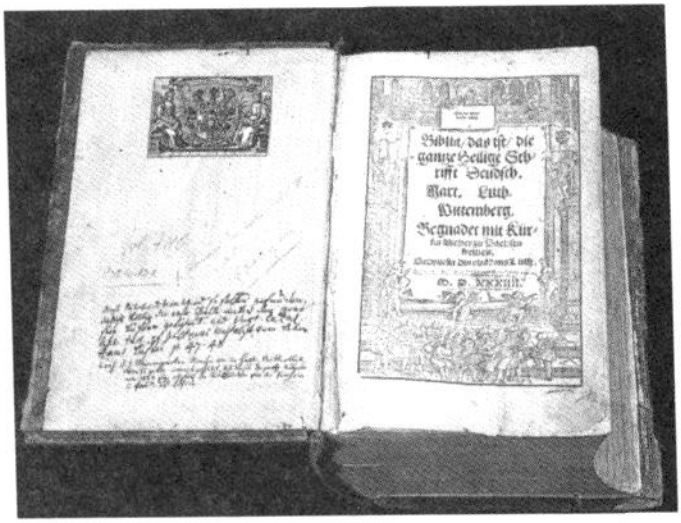

ドイツ語で書かれたルター聖書。底本はエラスムスの『校訂版　新約聖書』

る本は、当初写本の代用物に過ぎないという扱いをされていたが、それでも少しずつ印刷所の数は増えていった。

15世紀半ば頃に活版印刷の技術を完成させたドイツ出身の金細工師グーテンベルクは、グーテンベルク聖書と呼ばれる聖書を出版した。

さらに、ルターによって1522年にドイツ語訳の新約聖書が出版されると、ドイツ各地にルター派支持が広がっていき、宗教改革へとつながるのだ。

ちなみにルター訳の聖書には、書籍の最後に書かれている出版者や印刷業者名などは書かれていなかった。

技術の進歩が社会のありかたを変える

それまでの聖書は教会の聖職者たちによって写本されるものだったため、一般の市民たちが手にできるものではなかった。キリストの教えを知りたければ、教会に行き、聖職者たちに説いてもらうしかなかったのだ。

活版印刷による聖書の出版は、一般の人々に聖書を手にするチャンスを与えた。印刷された聖書が、宗教改革の発端となった思想を国の隅々に行き渡らせ、盛り上げる立役者となったのだ。

また、ルネサンス期の文学作品も広く読まれる本として出版される。文学は人々に読まれてこそ価値が生まれ、読み継がれることで後世に残っていく。そして、特権階級のものだった書物は、一般市民のものになって情報や技術、文学や芸術を伝えるものになった。

初期の木製印刷機

活版印刷は、単なる印刷技術ではない。のちの人類のあらゆる場面における情報伝達の方法を激変させ、社会をも大きく動かす革命的な技術だったのである。

天動説から地動説へ

キリスト教では天動説が絶対だった

中世ヨーロッパの天文学は、キリスト教的な考え方を基にして成り立っていた。つまり、地球は宇宙の中心であり、太陽をはじめとした星はすべて地球の周りを回っているという天動説である。

天動説は、古代ギリシアのプトレマイオスが完成させた宇宙論であり、13世紀になるとヨーロッパ世界において「地球は皿のように平らであり、宇宙の星は地球を中心に回っている」という考え方がキリスト教会公認の宇宙観となった。

しかし、大航海時代の訪れによってこの世界観が大きく揺らいだ。１５１９年から１５２２年にかけて行われたマゼラン隊の世界一周の成功によって、まず地球が球体であることが証明されたのだ。航海が盛んになるとともに天文学も急速に発達し、天動説では説明のつかないことが多くなっていく。

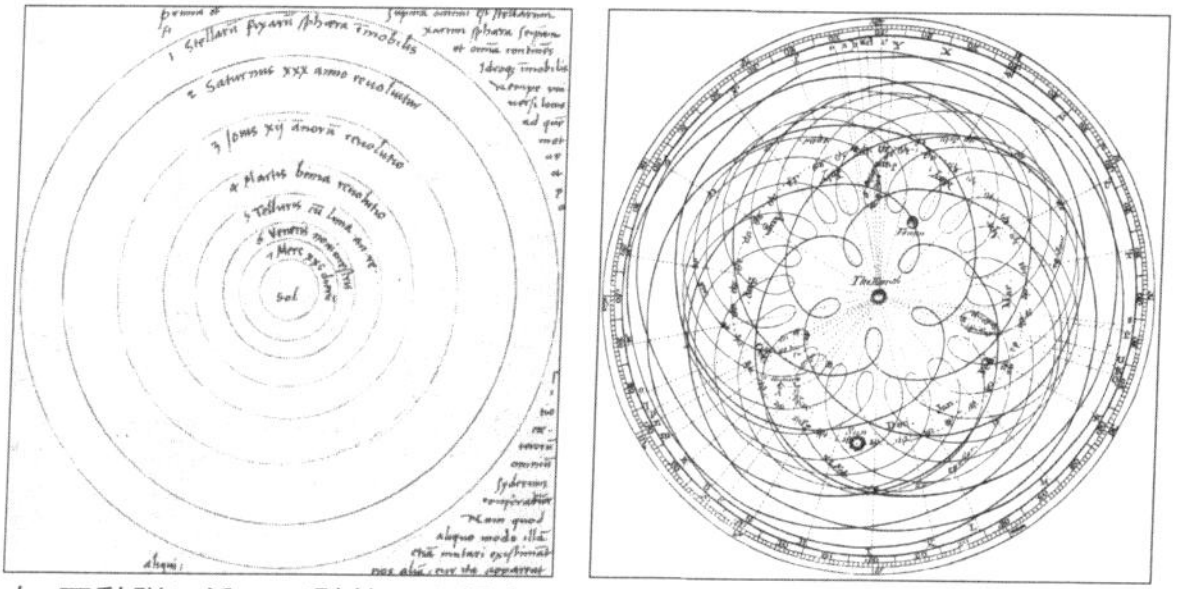

右：天動説に沿って計算した場合の天体の動き（カッシーニ作）
左：地動説に沿った場合の天体の動き（コペルニクスの手稿より）

コペルニクスの地動説

そこに一冊の革新的な書物を記したのが、16世紀ポーランドの聖職者だったコペルニクスだ。カトリック教会の聖職者であると同時に医師、天文学者でもあった彼は、まさに科学の申し子だった。

コペルニクスはそれまでの社会では常識中の常識だった天動説に対し、詳細で地道な観測を続けた結果、それを真っ向から否定する「天球回転論」を記し、太陽が万物の中心であり、地球も1日に1回、自転しながら一年をかけて太陽の周りを回っているのだと説いたのだ。

コペルニクスが主張した地動説は、当然のことながら当時のキリスト教会には受け入れがたいものだった。教会側はコペルニクスのことを、とんでもない妄言を吐く不届きな聖職者であり、人心を惑わす不届き者として糾弾した。

教会から総攻撃を受けて徹底的に無視されたがゆえに、コペルニクスが存命の内にその説が広く受け入れられることはなかった。地動説が再び歴史の表舞台に登場したのは、ガリレオ＝ガリレイらがコペルニクスの説を精密な観測で実証した時だった。

天体望遠鏡が実証した地動説の正しさ

ガリレオ＝ガリレイは、１６０４年にコペルニクス説の支持を表明し、その５年後に望遠鏡を改良して天体望遠鏡をつくった。その天体望遠鏡を使って月の満ち欠けや、惑星の公転を次々に実証し、地動説が正しいことを詳細なデータで証明して見せたのである。

それでも教会はかたくなに地動説を認めようとはせず、ガリレオ＝ガリレイを宗教裁判にかけた。

彼は、一度目の裁判では地動説を唱えることを禁じられたにもかかわらずそれに届せず、『天文対話』というイタリア語で書いた著書を発行して地動説を人々に広めようとしたのだ。

しかし、これに業を煮やした教会が二度目の裁判を行い、ガリレオ＝ガリレイの説は異端となり、『天文対話』は禁書とされてしまった。その際にはコペルニクスの著書も同時に禁書となっている。

地動説の正しさが認められ、天動説に終止符が打たれるのは18世紀まで待たなければならない。しかし、中世ヨーロッパの末期には、科学技術が進歩することで宗教的な考え方では覆い隠せない事実が実証され始めていたのである。

異端審問を受けるガリレオ（フルーリー画）

羅針盤と航海術の進歩で広がる世界

中国で生まれた羅針盤を改良

15世紀に入ると、ヨーロッパ各国はアジアやアメリカ大陸への航行に先を争うように乗り出していく。いわゆる大航海時代の到来である。

これを可能にしたもののひとつが、中国から伝わった羅針盤である。

磁石が南北を指すことを知った中国人の手によって、後漢時代には「指南魚」と呼ばれる道具が方角を知るために使われていたという。これは魚の形をした木片の頭に磁石を埋め込み、それを水に浮かべると南を向く仕組みになっていた。

その原理を利用して宋代には実用化されていた羅針盤は、イスラム教徒の商人たちによってヨーロッパに伝えられた。

ヨーロッパでは、円盤状の台に磁針を置くと方角を指すという形態に改良され、これによって、インド航路を利用して新大陸をめざす遠洋航海が可能になったのだ。

航海王子エンリケの登場

また、造船技術の進歩も大航海時代の到来に欠かせない要素だ。中世ヨーロッパで周辺諸国への航海に使われていたのは、ガレー船と呼ばれる船で、多くの漕ぎ手が船を漕ぐ形式は、比較的風が弱い地中海での航行に向いていた。

聖遺物を運ぶガレー船。人力で進むので数多くのオールが必要になる

この船は多くの人や荷物を積めるため、地中海沿岸などの貿易や戦争時の兵士の運搬には役立ったものの、外洋を遠くまで漕ぐのには不向きだった。

構造上風に弱く、嵐には耐えられないうえに、多くの漕ぎ手を維持するためには食料などを大量に積まなければならないからだ。

その状況を変えたのが、15世紀初頭のポルトガルだった。ポルトガルはヨーロッパ各国に先駆けて、ア

キャラベル船

フリカ南下の航海事業に積極的に着手した。のちに航海王子という異名がついたエンリケ王子が旗振り役となり、天文学、航海術、海図の研究を行ってアフリカ南下の航路を開拓していった。
この頃のポルトガルが使っていたのは、キャラベル船という小型船だった。

3本マストの小型船が登場

エンリケ王子が航海に採用したキャラベル船は、イスラム教徒の商人が海洋貿易で使っていた船を模して造られたもので、初期には2本、のちにその多くが3本のマストを備えていた。操舵性に優れ、風に逆らって進むことができるうえ、沿岸などを航行しても座礁の危険性が低かった。その特性は、未知の航路を開拓する遠洋航行にはうってつけだったといえる。

さらに、アフリカ経由のインド航路が開拓され、新大陸への西回り航路も発見されて世界の海が海洋貿易の舞台となっていくと、キャラベル船をもっと大型化させたナウ船、キャラック船など、ヨーロッパの造船技術はみるみる進歩した。

金や香辛料を求めてアジアや新大陸をめざすヨーロッパの商人たちが、世界中を駆け巡る時代になったのだ。世界はひと続きとなり、外交や交易でつながった。

こうして世界は近代に突入していったのである。

キャラック船として描かれたサンタマリア号(コロンブスが大西洋横断航海に使用した船)

新大陸の発見

社会不安を背景とした魔女狩り

天候不順や疫病の発生は、中世ヨーロッパの人々を疑心暗鬼にさせた。そして彼らは、「この不幸は誰かが引き起こしているのではないか」と隣人を疑い始めた。

不穏な社会の中で残酷な異端審問や魔女狩りが広がり始め、深刻な食糧不足と物価の高騰が大きな社会不安を引き起こす。それに伴い、貧困による人身売買や犯罪が急増し、治安が乱れるなかでカニバリズム（食人）までが横行した。

超自然的な力におびえるようになった民衆は、近隣の人々を魔女として密告して少しでも神に許しを請おうとした。

「神が天候を左右できるか否か」について真剣な論争も行われたが、民衆の不安は簡単には収まらない。魔女狩りがもっとも激しいピークを迎えた1580年代後半は、ヨーロッパを前例のないほどの荒天が襲った時期と一致するともいわれ、自然の脅威がいかに人々の精神をかき乱したかがわかる。

しかし、この天候による環境の悪化と人々の生活が荒廃するなかで、新天地を求めて旅立つ冒険家が輩出され、それが大航海時代のきっかけになるのである。

スペインの女王の命令を受けたコロンブスが船出する

大航海時代を記念してつくられた「発見のモニュメント」(@Para)

大航海時代における最大の事件のひとつが、新大陸の発見だ。
一足先にアフリカ回りのインド航路を開拓したポルトガルに対して、スペインが見つけようとしていたのが大西洋を西に向かって進んでインドに到達するルートだった。
スペインのイサベル女王が目をつけたのが、ジェノバの船乗りコロンブスが唱えた西回り航路によるインド到達だ。マルコ＝ポーロの書物などからインド、中国、ジパング（日本）に興味を持ち、フィレンツェの天文学者トスカネリの地球球体説を信じたコロンブスは、大西洋を西へ西へと航行すれば、インドにたどり着くはずだと主張していた。

こうしてイサベル女王の命を受けて1492年にスペインを出港したコロンブスは、その約2ヶ月後にバハマ諸島のサンサルバドル島に到着した。

日本にも辿り着いた南蛮船

アジアをめざしたヨーロッパの船は、日本にもやって来た。1543年に中国人の船に乗ってポルトガル商人たちが種子島に到着したのが、日本に初めてやって来たヨーロッパ人だ。

ポルトガルはインドの西海岸や中国のマカオに拠点を持っており、以降毎年のように日本へとやって来た。

彼らが日本に伝えたのが鉄砲で、その後、各地で大量生産されるようになり、の戦争スタイルに大きな変化をもたらした。

また、ポルトガルに遅れること30年、1584年にスペインが平戸に到着した。南蛮人と呼ばれたポルトガルやスペインと日本の間で行われたのが南蛮貿易である。

ポルトガルやスペインの商人たちは、生糸や絹、金、硝石などを日本に持ち込み、日本の銀や銅、小麦を買い上げていった。日本では16世紀前半に朝鮮から伝わった技法により銀の産出が激増しており、17世紀には世界の産出量の3分の1を占めるほどになっていたのだ。ほかにも、イエズス会の宣教師らによってキリスト教が伝えられている。

宗教改革の結果、新興のプロテスタントに押され気味になっていたカトリック教会には、アジアでの布教によってその勢力を挽回しようとする動きがあったのである。

日本に来航した南蛮船。キャラック船として描かれている

ルネサンスによる芸術の世俗化

人間中心主義への回顧

14世紀のイタリアで始まった文学、絵画、彫刻、建築などの多岐にわたるジャンルの文化運動の総称がルネサンスだ。ルネサンスとは、「復興」を意味するフランス語なのだが、いったい何を復興するのだろうか。

それは、古代ヘレニズム文化の復興であり、ヒューマニズム、つまり人間中心主義の精神と科学が目覚ましい発展を遂げた時代への回顧だった。

中世ヨーロッパの絶対的な価値は、神とキリスト教会にあった。しかし、十字軍の失敗やペストの流行、大飢饉などによって教会の権威が失墜した結果、キリスト誕生前の古代ローマやギリシアの神話に人々の目が向いた。

キリスト教がローマ帝国の国教に定められてから、多神教の古代ローマやギリシアの文化は原始的で野蛮なものとして徹底的に排除されていたのだ。しかし、キリ教会への不信感が高まったことで、排除されてきたその文化を復興しようとする流れが起きたのである。

イタリアとブルゴーニュが牽引したルネサンス

ルネサンス運動の中では、宗教的なものにこそ価値があるという中世的な基準ではなく、もっと人間的なものに価値を見出そうとする動きが生まれた。それが文化芸術に及んで花開いたのがルネサンス芸術だ。

ルネサンス芸術は、都市国家が栄え、東方貿易の中心地でもあったイタリアで大きく盛り上がった。東方貿易に従事していたイタリアの商人たちが巨額の富を手にして、ルネサンスを担う芸術家たちのパトロンとなっていたのだ。

しかも、ビザンツ帝国（東ローマ帝国）が1453年にオスマン帝国に滅ぼされたことで、ビザンツ帝国に暮らしていたギリシアの知識人たちの多くが北イタリアに亡命してきた。彼らが伝えたギリシアの文化が、ルネサンス運動をさらに後押しすることになったのである。

ラファエロ「アテナイの学堂」(部分)。古代ギリシアの哲学者たちが一堂に会し議論を交わす様子を描いている

絵画ではレオナルド＝ダ＝ヴィンチ、ラファエロ、ボッティチェリが、古代の神話をモチーフにした作品を描く。彫刻ではドナテルロやミケランジェロといった芸術家たちが傑作を残し、サンタ・マリア・デル・フィオーレ大聖堂というルネサンス様式の傑作建築も生まれた。

またイタリアと並んで初期のルネサンスを牽引したのがブルゴーニュ公国だ。

現在のフランス、ベルギー、オランダにまたがるフランドル地方に広大な領土を持つ国で、特産品の毛織物工業によって経済的に繁栄していた。その富を背景にして、商人たちがこぞって芸術家のパトロンとなった。

その地で活躍したのが、油彩画の技法を確

ヤン＝ファン＝エイク「ヘントの祭壇画」(部分)。神の子羊を崇拝するために天使や聖職者、一般の人々が集まっている

立したとされるヤン＝ファン＝エイクだ。

初期フランドル派といわれるヤン＝ファン＝エイクは、以前からあった油彩画の技法を完成させ、のちのルネサンス画家たちに多大なる影響を与えた。

ヨーロッパ全体でルネサンスが一大潮流となる

当初はイタリアの都市国家以上の広がりを見せることはなかったが、イタリア戦争の影響でイタリアにおけるルネサンスが衰退すると、徐々にその動きがヨーロッパ各地に広がっていった。

その結果として、ルネサンスはヨーロッパ

ミケランジェロ（中央）と教皇レオ10世（手前）（16世紀・エンポリ画）

全体で豊かな文化芸術を生み出す、一大潮流となったのだ。文学の分野ではイングランドのチョーサー、シェイクスピアなど、人間の内面を深く追求する不朽の名作を生み出す作家が誕生している。

ほかにもルネサンスは天文学、医学、地学などの科学分野にも及び、キリスト教的な解釈で自然現象を解釈するのではなく、合理的に判断するという動きが活発になっていく。

ルネサンスは中世から近代への転換点としての役割を果たすことになったのである。

贖宥状を発行したレオ10世の功績

キリスト教にとってルネサンスは異教芸術であり、本来なら否定すべき存在であったにもかかわらず、芸術家たちの強力なパトロンとなった教皇たちもいる。なかでも有名なのがレオ10世だ。

レオ10世はルネサンスの中心地だった北イタリアのフィレンツェの名門メディチ家出身の教皇で、フィレンツェの全盛期の立役者であるロレンツィオ＝デ＝メディチの息子で、ラファエロやミケランジェロの庇護者としても知られている。彼が贖宥状を発行したのも、ルネサンス建築の傑作として名高いサン・ピエトロ大聖堂の建築費用を賄《まかな》うためだった。

サン・ピエトロ大聖堂（Vladislav Zolotov/istock）

ルターによる批判から悪名ばかりがクローズアップされがちだが、じつはルネサンスの隆盛を支えたという一面もあるのだ。

主権国家の誕生

封建社会の終わり

中世ヨーロッパにおいての「国」というものは、現在のものとはかなり違っていた。国にはそれぞれ王がいたが、王はあくまでも領地を持った領主の中のひとりにすぎず、王の下に国がひとつになっているというわけではなかった。

「騎士」は土地を持った「諸侯」に仕え、諸侯はさらに大きな土地を持つ「大諸侯」に仕え、そして大諸侯は「国王」に仕えるものだった。しかしその主従関係はあくまでも直接的にのみ結ばれていて、大諸侯を越えて諸侯と国王に主従関係があるわけではなかった。これを「封建国家」と呼ぶ。一般庶民はその居住区域の領主に属する存在でしかなかった。

それが経済の発展や科学技術の発達、農業生産の手法が変わっていくことで、徐々に諸侯たちの力が衰えていく。そしてその後、封建国家に替わるスタイルとなったのが「主権国家」だ。

といっても、近代的な主権国家とはまったく違う。現代の主権国家は「国民が主権を持つ国家」だが、中世における主権国家とは「国王が主権を持つ国家」のことだ。

国王に権力が集中する絶対王政

中世の主権国家は、国王に権力が集中する「絶対王政」としてスタートした。

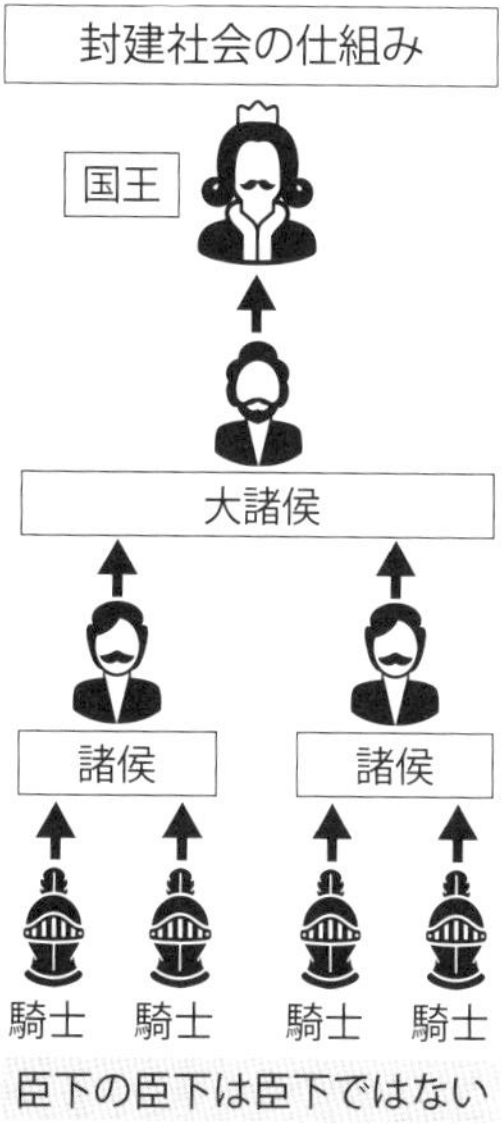

16世紀頃に起きた軍事革命によって戦場に火砲が登場し、従来の戦術が通用しなくなると、まず騎士階級が没落し、ついで領主たちが力をなくしていく。

その結果として封建国家体制が崩れていき、権力は国王

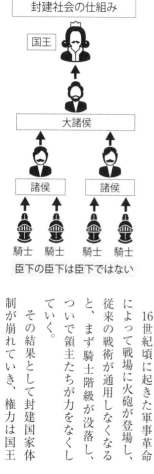

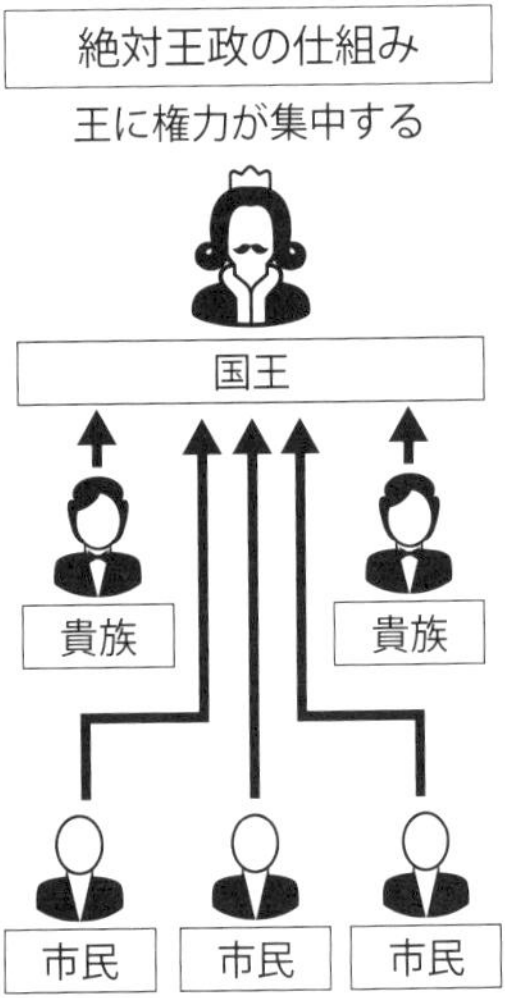

に集中する。

国王たちは、「国王の権利は神から与えられた不可侵のものである」という王権神授説を唱えた。

つまり、王の権利は神から与えられたものなのだから、絶対に反抗できないと主張し、みずからの権力をゆるぎないものにしようとしたのだ。

ここにおいて、封建国家が崩壊した後の中世ヨーロッパで絶対王政が成立した。ルイ14世のフランス、エリザベス1世のイギリス、フェリペ2世のスペイン、ピョートル1世のロシアなどで、各国は全盛期を迎える。

国王は軍隊を掌握し、課税や裁判などの権限も有していた。また商業活動には規制がかかり、王が特定の商人に特権を与えてその利益を共に独占する重商主義が採られた。そして、力をつけた国王同士の争いが始まったのだ。

現代的な「主権国家」へ

国王同士の争いが一段落ついたのは、1618年に始まった三十年戦争が1648年に終わった頃のことだ。

三十年戦争は、カトリックに対してプロテスタントが反旗を翻したことに端を発し、徐々に国家間の勢力争いへと発展していった（152ページ参照）。

軍事的な決着がつかなかったために、戦争終結は和平会議によってなされた。その際に結ばれたウエストファリア条約で、国家同士が対等な関係を結び、互いに外交使節を常駐させることなどが決まった。これをもって主権国家の確立という見方がされている。

イギリスで形成された議会制度

王権を制限するマグナ＝カルタの成立

フランスやドイツなどとは違い、ヨーロッパ大陸と地続きではないイングランドでは、独自の進化が起こっていた。

重要なターニングポイントとなったのは、1215年に成立したマグナ＝カルタ（大憲章）だ。

63カ条から成るマグナ＝カルタは、大きくいうと国王の権限を大きく制限し、諸侯・貴族の既得権を保障するものだった。さらにはその内容から、国王であっても議会の承認なしに課税することはできないと解釈されるようになり、王も法律の下にあり、勝手なふるまいはできないというものだったのである。

成立の背景には、当時のイングランド王がフランスとの戦争のために諸侯や都市に対して軍役や出費を要求していたことにある。諸侯や都市の代表たちはこれに反発し、

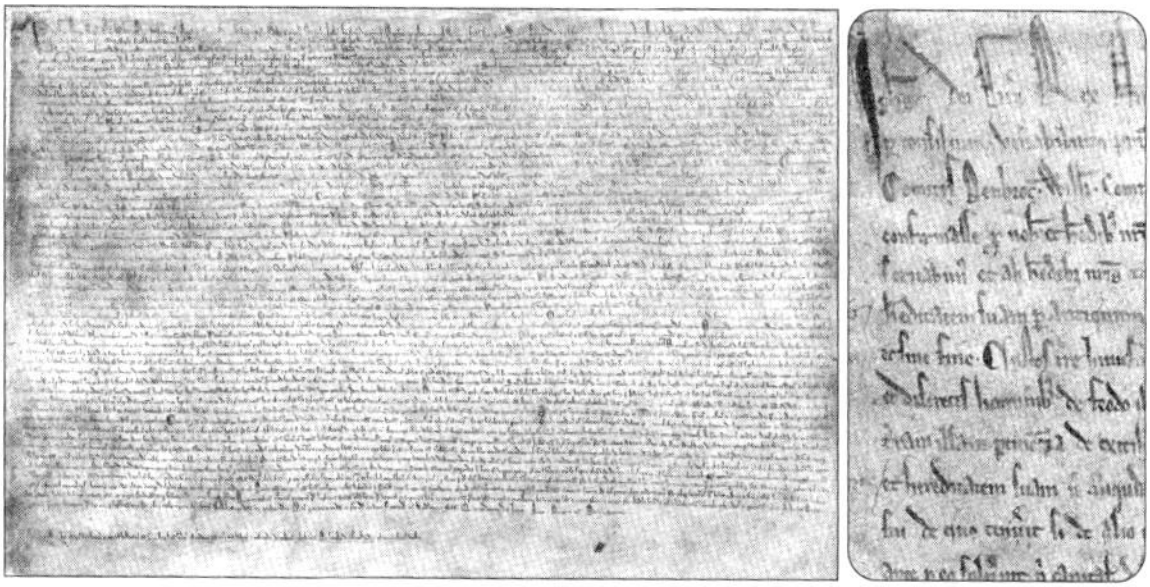

羊皮紙にびっしりと書かれたマグナ＝カルタ。右は書き出し部分の拡大（1215年写し）

戦いを強行した挙句に敗走してきた王に対して反乱を起こしたのだ。

首都を制圧した反乱軍に対して王が妥協し、その結果、署名したのがマグナ＝カルタだったのである。

ちなみに、弓の名手として有名なロビン・フッドはこの頃の人物で、イングランド王への反乱に加わり、マグナ＝カルタの成立に一役買ったとされている。

二院制の議会に発展

しかし、マグナ＝カルタはすべてラテン語で記されており、広く一般に知られるものにはならなかった。難解なラテン語は一般の人が読めるものではなかったのだ。

だがその後、王位に就いたヘンリー3世がマグナ＝カルタを無視して新たに課税を強行しようとしたため、貴族たちは有力貴族だったシモン＝ド＝モンフォールに率いられて反乱を起こし、王を捕らえて議会の招集を決定したのである。

シモン＝ド＝モンフォールに召集された者の中には、貴族や聖職者だけでなく都市市民たちも含まれていた。

この時の議会はシモン＝ド＝モンフォールが国王軍に討たれたことですぐに崩壊してしまったが、これこそが庶民が初めて行政に参加したという出来事であり、現在のイギリス議会の起源とされているのだ。

議会制度

その後、復位したヘンリー3世の子エドワード1世は模範議会を招集した。これは貴族、聖職者、騎士、都市代表を集めた身分制議会である。このことは、王の名の下に特権階級だけではない騎士と市民が行政の場に参加するようになったことを意味する。

さらに1330年代には、上院（貴族院）と下院（庶民院）に分かれた二院制となり、イギリスの議会制度は近代のスタイルへと発展していった。

絶対王政期を迎えて王権が再び強大になった頃には、王が議会の以降を無視したことで革命が起きたりもしたが、近代になって王権が復活し、王と議会の関係は現在も続いている。

2022年9月に亡くなった女王エリザベス2世は、即位以来、妊娠や体調不良でやむをえない場合を除き、約70年の在位の間、必ず議会の開会を宣言する役割を果たしていた。

【参考文献】

『残酷の世界史』（瑞穂れい子／河出書房新社）、『世界史用語集　改訂版』（全国歴史教育研究協議会編／山川出版社）、『拷問と処刑の西洋史』（浜本隆志／新潮社）、『図説・公開処刑の歴史』（ナイジェル・カウソーン著、井上廣美訳／原書房）、『人狼伝説』（セイバイン・ベアリング＝グールド著、ウェルズ恵子・清水千香子訳／人文書院）、『世界の「美女と悪女」がよくわかる本』（島崎晋監修、世界博学倶楽部著／PHP研究所）、『図説・ヨーロッパから見た狼の文化史』（ミシェル・パストゥロー著、蔵持不三也訳／原書房）、『動物裁判』（池上俊一／講談社）、『殺人罪で死刑になった豚』（エドワード・ペイソン・エヴァンズ著、遠藤徹訳／青弓社）、『禁書　グーテンベルクから百科全書まで』（マリオ・インフェリーゼ著、湯上良訳／法政大学出版局）、『錬金術　仙術と科学の間』（吉田光邦／中央公論新社）、『スラブ吸血鬼伝説考』（栗原成郎／河出書房新社）、『吸血鬼伝説』（ジャン・マリニー著、中村健一訳／創元社）、『魔女現象』（ヒルデ・シュメルツァー著、進藤美智訳／白水社）、『漫画版　世界の歴史3』（後藤明、河原温監修／集英社）、『漫画版　世界の歴史5』（近藤和彦、河原温監修／集英社）、『針の上で天使は何人踊れるか　幻想と理性の中世・ルネサンス』（ダレン・オルドリッジ著、池上俊一訳／柏書房）、『中世ヨーロッパの教会と民衆の世界』（野口洋二／早稲田大学出版部）、『ヨーロッパ中世史』（野崎直治／有斐閣）、『ビジュアル版　中世ヨーロッパの戦い』（フィリス・G・ジェスティス著、川野美也子訳／東洋書林）、『カタリ派―中世ヨーロッパ最大の異端』（アンヌ・ブルノン著、池上俊一監修、山田美明訳／創元社）、『血脈の世界史』（児嶋由枝監修／青春出版社）、『ヨーロッパ史入門―市民革命から現代へ』（池上俊一／岩波書店）、『世界でいちばん素敵なルネサンスの教室』（祝田秀全監修／三才ブックス）、『十字軍という聖戦』（八塚春児／日本放送出版協会）、『世界の歴史⑤　東アジアと中世ヨーロッパ』（J．M．ロバーツ著、池上俊一監修／創元社）、『図説　十字軍』（櫻井康人／河出書房新社）、『ビジュアル図鑑　中世ヨーロッパ』（新星出版社）、『漫画版　世界の歴史6』（近藤和彦監修／集英社）、『詳説　世界史研究』（木村靖二　岸本美緒　小松久男編／山川出版社）、『世界史年表・地図』（亀井高孝　三上次男　林健太郎　堀米庸三編／吉川弘文館）、『グローバルワイド　最新世界史図表　二訂版』（第一学習社）、『一冊でわかるイタリア史』（北原敦監修／河出書房新社）ほか

【参考ホームページ】

ナショナルジオグラフィック　https://natgeo.nikkeibp.co.jp/
文春オンライン　https://bunshun.jp/
ダイヤモンドオンライン　https://diamond.jp/
CHRISTIAN TODAY　https://www.christiantoday.co.jp/
世界史の窓　https://www.y-history.net/
ＮＨＫ高校講座　世界史
https://www.nhk.or.jp/kokokoza/tv/sekaishi/archive/resume014.html
https://www.nhk.or.jp/kokokoza/tv/sekaishi/archive/resume021.html
https://www.nhk.or.jp/kokokoza/tv/sekaishi/archive/resume013.html
https://www.nhk.or.jp/kokokoza/tv/sekaishi/archive/resume021.html
Discovery　https://www.discoveryjapan.jp/news/6sekhp1tf4/
ほか

本当にヤバい
中世ヨーロッパの暗黒時代

2023年2月13日　第1刷

編者　歴史ミステリー研究会

制作　新井イッセー事務所

発行人　山田有司

発行所　株式会社彩図社《さいずしゃ》

〒170-0005　東京都豊島区南大塚3-24-4 MTビル
TEL:03-5985-8213
FAX:03-5985-8224

印刷所　新灯印刷株式会社

URL　https://www.saiz.co.jp
https://twitter.com/saiz_sha

 ISBN978-4-8013-0642-4 C0195